KOCHEN & GENIESSEN MIT LORIOT

DIOGENES

Herausgegeben von Susanne von Bülow, Peter Geyer, O A Krimmel
Buchgestaltung: i_d buero
Barcodegestaltung: Katharina Seebacher/Our Art Is Ltd.

info@diogenes.ch · www.diogenes.ch
10/25/68/9
ISBN 978 3 257 02143 1

KOCHREZEPTE

Empfehlenswerte Konservierungszusätze und zulässige Farbstoffe in Klammern (1 = Zyankali, 2 = Hexamethylentetramin, 3 = Chromoxydgrün, 4 = Trinitrotoluol, 5 = Wasserstoffsuperoxyd)

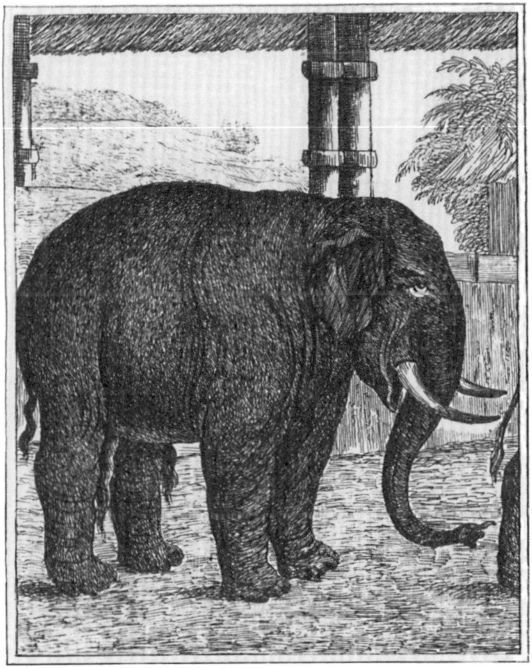

ELEFANTENCRÈME

Je nach Personenzahl einen bis zwei zarte Elefanten mit 3 Litern Vollmilch und 150 g Zucker kurz aufwellen lassen, unter ständigem Rühren 1 Eigelb beigeben, in gespülte Puddingform gießen, nach dem Erkalten stürzen und mit Mandeln servieren. Statt der Elefanten können auch Schokolade, Vanille oder Himbeeren verwendet werden *(1, 3)*.

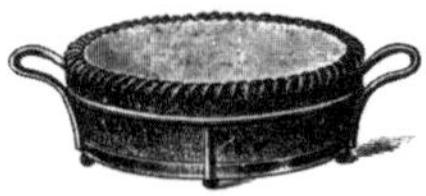

A

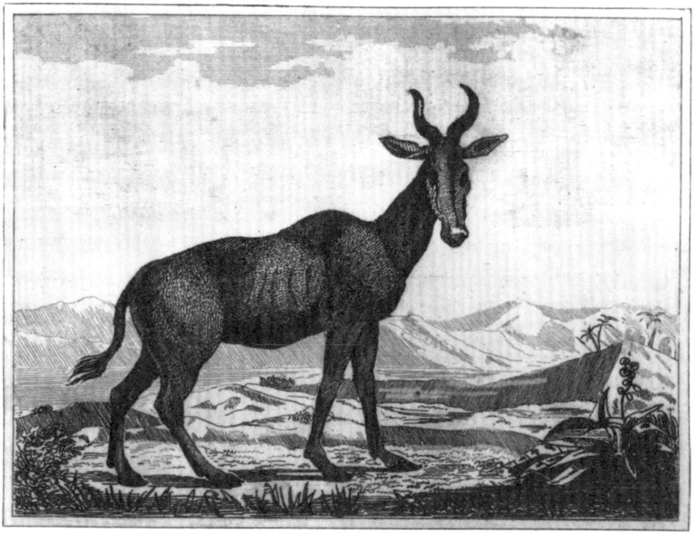

BÜFFEL IM SCHLAFROCK

Den afrikanischen Büffel fängt man hauptsächlich für ein bekömmliches ostfriesisches Nationalgericht. Der Büffel wird 14 Tage gekocht und mit einer Prise Gewürznelken ganz klein gewiegt, in einen ausgerollten Nudelteig gewickelt und in feuerfester Form (A) bei mäßiger Hitze 8 bis 9 Stunden gebacken. Hagebuttenmarmelade darüber geben und heiß servieren.

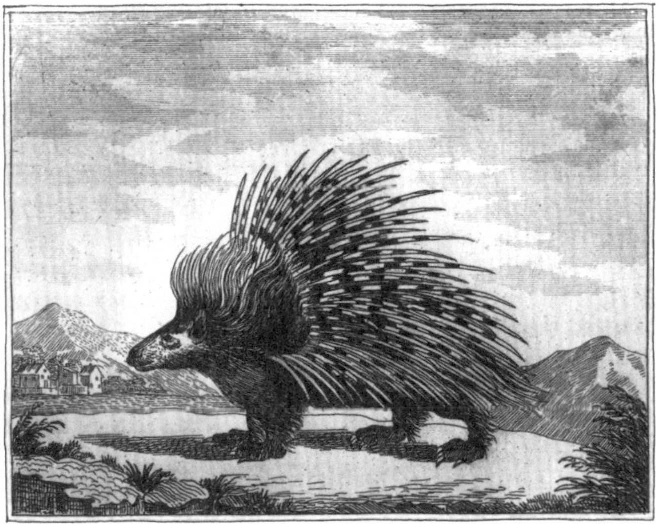

STACHELSCHWEINKALTSCHALE

Ein frisches Stachelschwein aufkochen und durch ein feines Sieb streichen. Dann mit 1 bis 1 ½ Litern Wasser und Zitronenschale nochmals aufkochen, mit etwas Mehl binden und über süße Makronen anrichten. Etwas für heiße Tage.

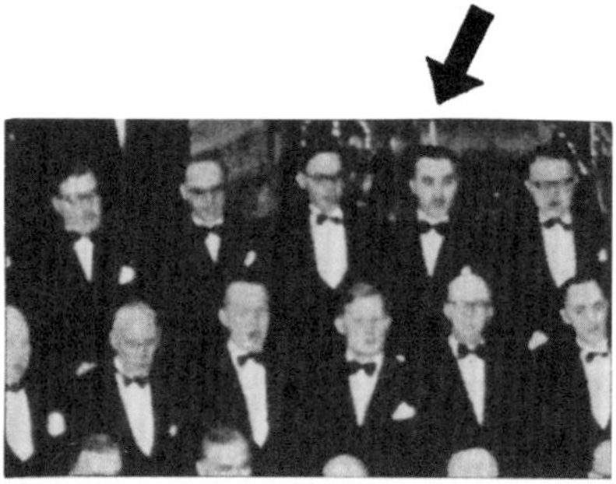

HASENSCHWANZ À LA MEYER

Der feinen Zunge von Herrn Erich A. Meyer (PFEIL) verdanken wir die folgende Delikatesse. →

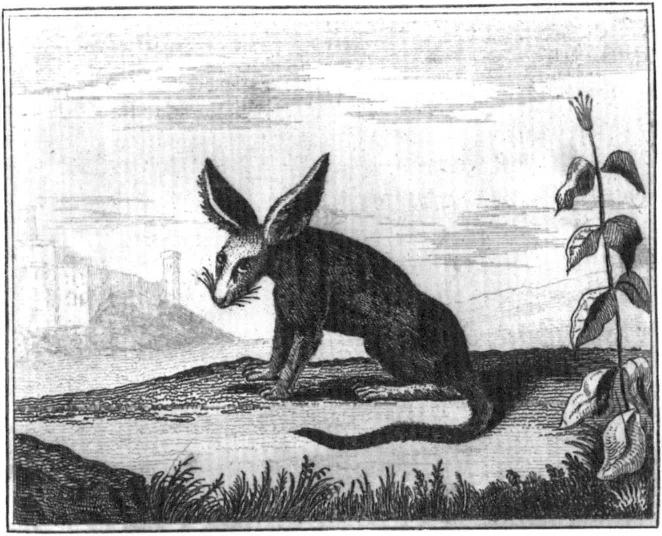

Der gut abgehangene Hasenschwanz wird gewaschen, gesalzen, nebst Petersilie, Sellerie und Wacholderbeeren 4 bis 5 Stunden gedämpft und sorgfältig abgeschmeckt. Merke: *Hasen sind glücklicher ohne Schwanz.*

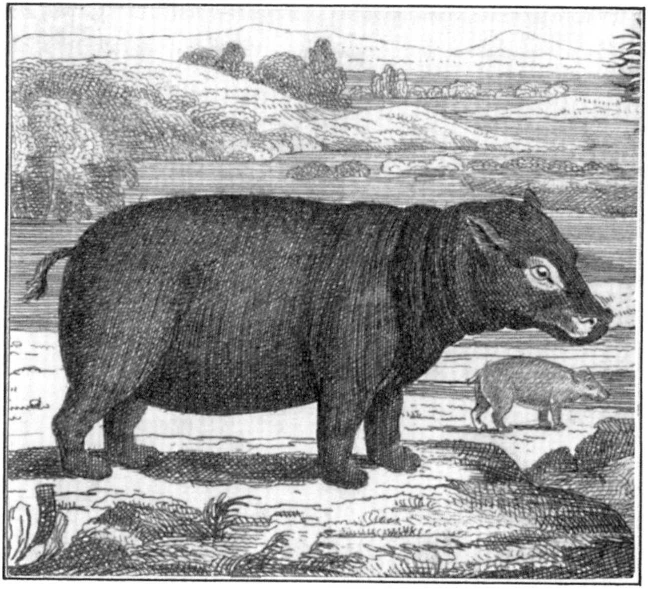

NILPFERD IN BURGUNDER

Etwas für festliche Tage, vorausgesetzt, dass sich das Nilpferd in Burgunder wohl fühlt. →

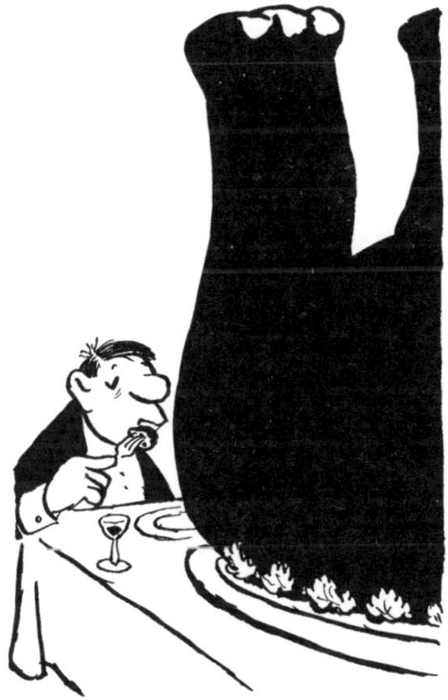

Nilpferd waschen und trocknen, in passendem Schmortopf mit 2000 Litern Burgunder, 6 bis 8 Zwiebeln, 2 kleinen Mohrrüben und einigen Nelken 8 bis 14 Tage kochen, herausnehmen, abtropfen lassen und mit Petersilie servieren *(2, 4, 5)*.

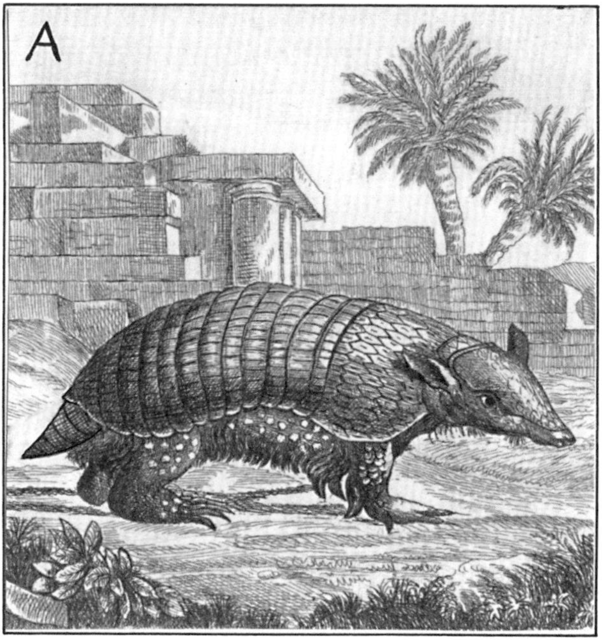

BACKOBST MIT GÜRTELTIERKLÖSSEN

Backobst über Nacht quellen lassen und am nächsten Morgen mit reichlich Zimt und einer Zitronenschale auf kleiner Flamme langsam gar kochen. Für die Zubereitung der Gürteltierklöße hält man sich genau an das bekannte Rezept für Kartoffelklöße, nur dass statt der Kartoffeln Gürteltiere (A) verwendet werden. →

B

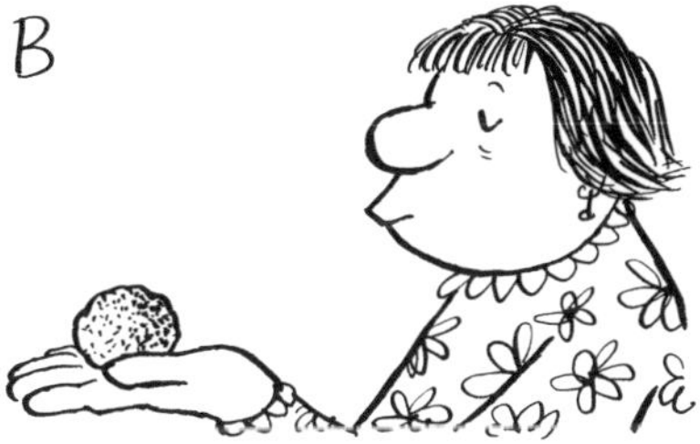

C

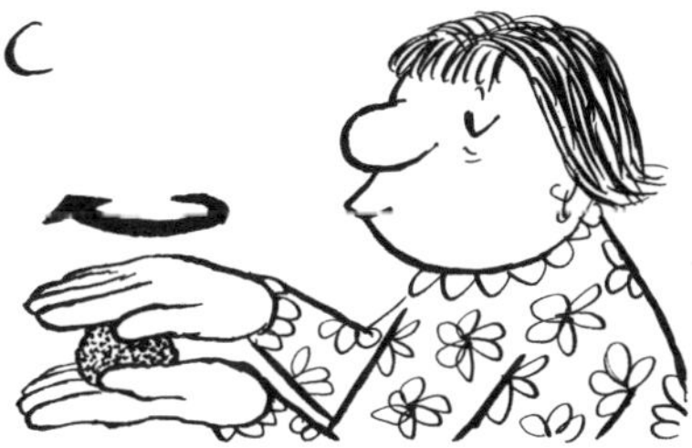

Zum Formen des Kloßes befindet sich die linke Hand unter, die rechte Hand jedoch über demselben (B und C). Drehbewegung in Pfeilrichtung *(1, 3, 4)*.

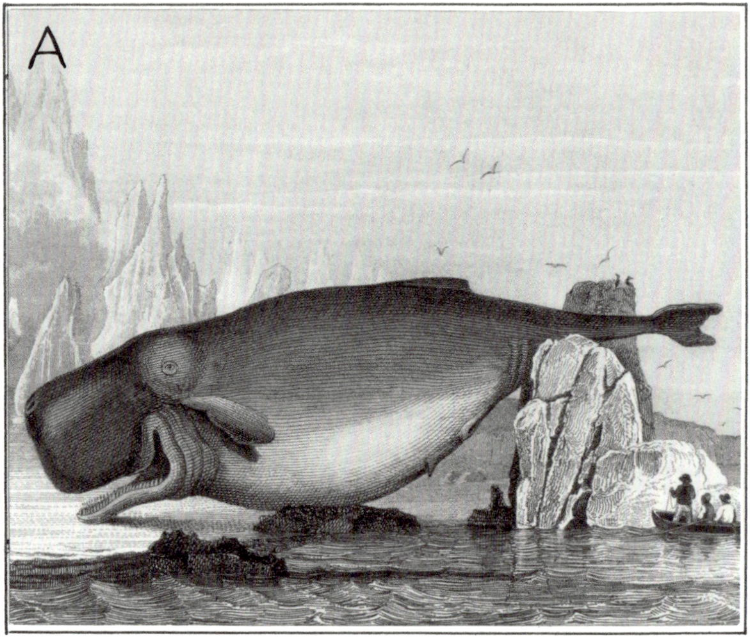

WALFISCH TIROLER ART

Den gut abgehangenen Walfisch (A) ausnehmen und ein bis zwei Jahre wässern. Einen halben Liter Milch mit fein gewiegten Zwiebeln, Delikatessgurken und Gewürzkörnern abschmecken. Die sorgfältig entgräteten Walfischfilets hineingeben und mit einem Lorbeerblatt servieren *(2, 4)*. →

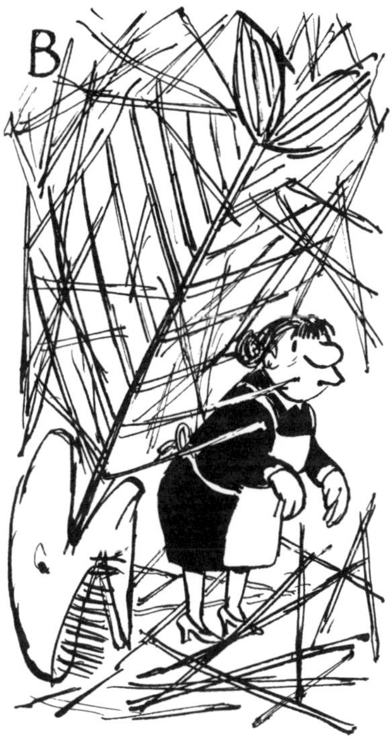

(B) Eine Innsbrucker Hausfrau nach dem Entgräten.

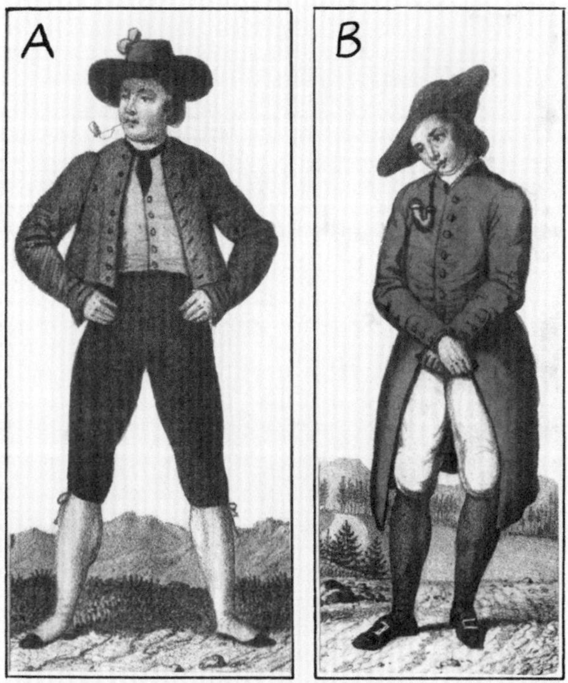

BAUERNOMELETT

Ein bis zwei zarte Landwirte (A und B) werden durch ein feines Sieb gestrichen. Das Gericht, ein Rezept aus der Entdeckerzeit Australiens, ist uns leider nur unvollständig überliefert. →

C

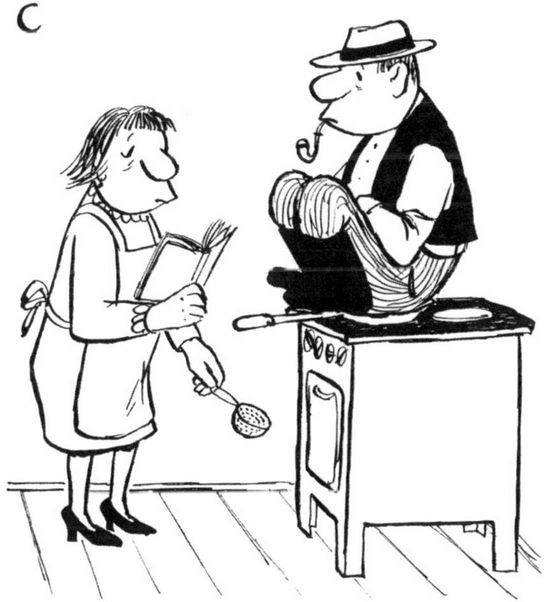

Eine Hausfrau mit Lust und Liebe zur Kochkunst (C) hat jedoch Gelegenheit, ihrer Experimentierfreude freien Lauf zu lassen *(1, 2, 3, 5)*.

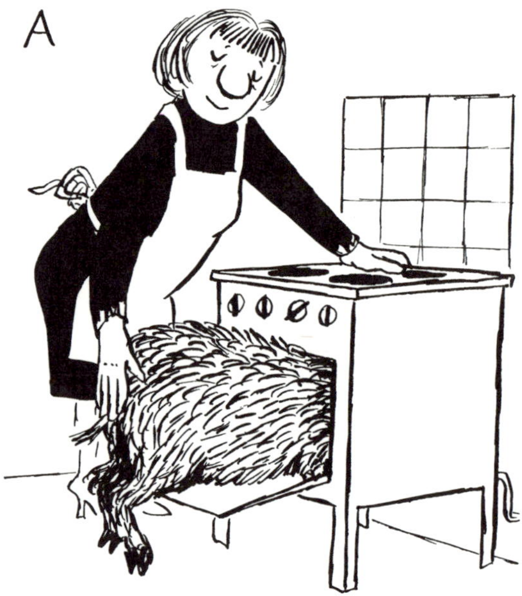

SAUSPIESSCHEN

Die gut gebürstete Wildsau wird (notfalls mit Gewalt) in den Backofen eingeführt (A) und bei einer gleichmäßigen Temperatur von zirka 800 Grad in ein handliches Format gedörrt. →

B

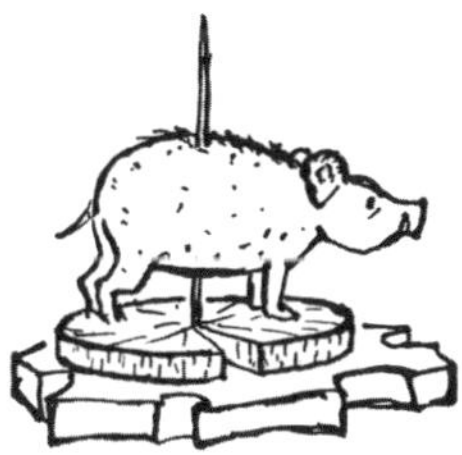

C

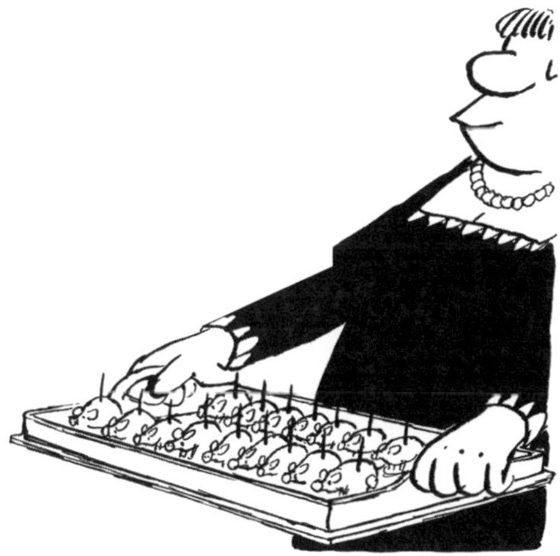

Das etwas abgekühlte Tier spießt man auf eine Scheibe Ananas und Emmentaler Käse (B). Sauspießchen werden vor dem Essen zum Aperitif gereicht (C). Man rechnet pro Gast etwa eine Sau.

A

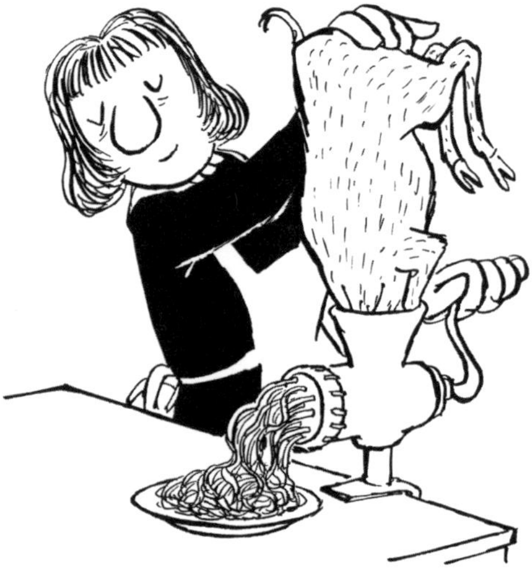

GAMSKNÖDEL

Dieses in Norddeutschland auch ›Gemsenkloß‹ genannte Gericht stammt von einer Schulfreundin meiner Großmutter mütterlicherseits. Die gut abgehangene Gemse wird (nicht zu schnell!) durch den Wolf gedreht (A) und mit 120 Semmeln, einem Ei, Salz, Pfeffer, Basilikum, Paprika, Majoran, Schnittlauch, Knoblauch, Curry, Salbei, Estragon, Beifuß, Liebstöckel und ganz wenig Melisse zu einem Kloß geformt. →

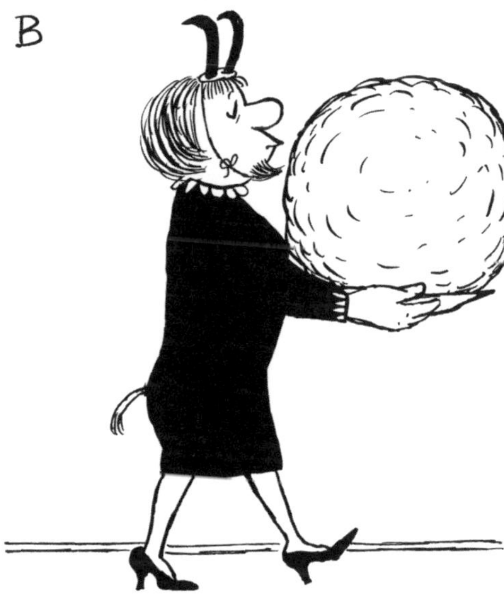

Den Kloß bei kleiner Flamme im Wasserbad erhitzen, kurz aufwellen lassen und mit den ungenießbaren Teilen waidmännisch dekoriert servieren (B).

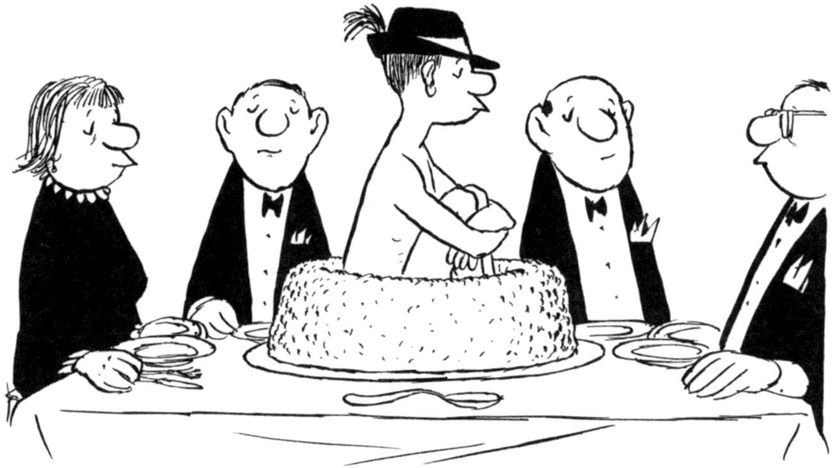

JÄGER IM REISRAND

Nachdem man je nach Personenzahl ein bis zwei Pfund Reis mit einer Prise Salz hat gar kochen und in Randform stürzen lassen, bittet man einen jüngeren, frisch gewaschenen Jäger oder Forstadjunkten mit Hut, darin Platz zu nehmen. Dieses stimmungsvolle Gericht ist jedoch ausschließlich selteneren, repräsentativen Anlässen vorbehalten, da auch in der Forstlaufbahn die Nachwuchsfrage noch nicht gelöst ist und nur wenige Forstbeamte die Erlaubnis erhalten, sich für private Zwecke einen Abend frei zu machen.

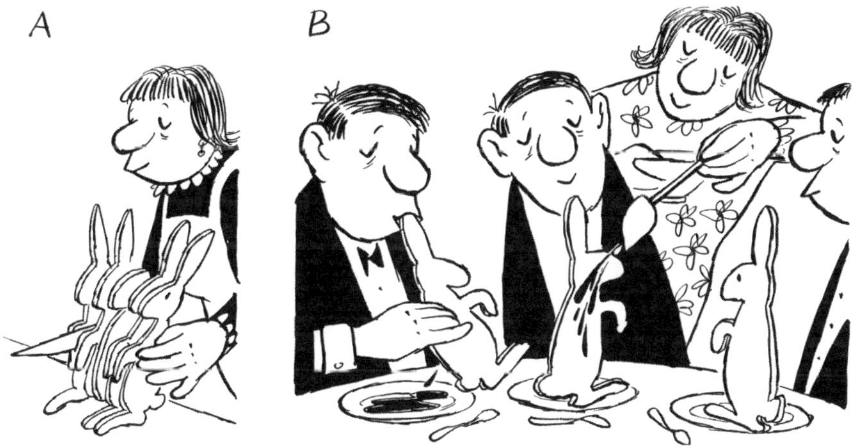

HASENEIS

Eine Spezialität für Feinschmecker. Ein nicht zu fetter Hase wird sorgfältig mit echter Vanille abgerieben und leicht gezuckert im Kühlschrank eingefroren. Nach 24 Stunden herausnehmen, in feine Scheiben schneiden (A) und mit heißer Schokoladensauce servieren (B).
Von dem Genuss halbgefrorener Hasen ist abzuraten.

REZEPTE ZUM FEST

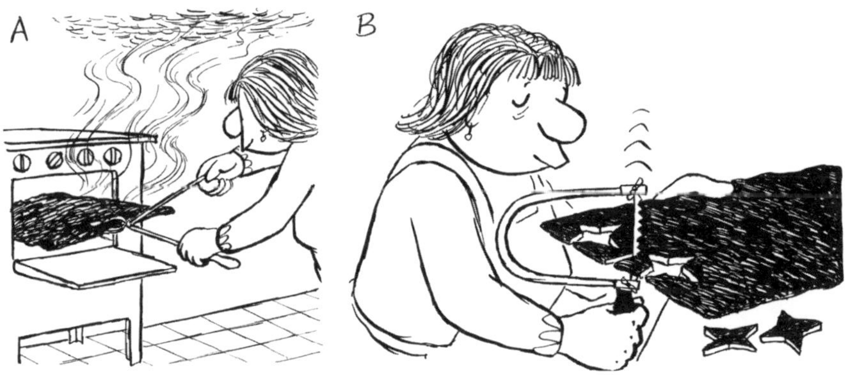

ZIMTSTERNE

3 Eiweiß schlagen, unter ständigem Rühren 250 g Puderzucker, 3 Tropfen Bittermandelöl, 1 Teelöffel Zimt, 325 g fein gehackte Mandeln beigeben und alles gut durchkneten, Teig auf Backblech ausrollen und nach 6–8 Stunden aus dem Ofen nehmen (A). Dann beginnt Mutters beschauliche, vorweihnachtliche Laubsägestunde (B). Merke: *Zimtsterne, von Mutter handgesägt, schmecken immer noch am besten!*

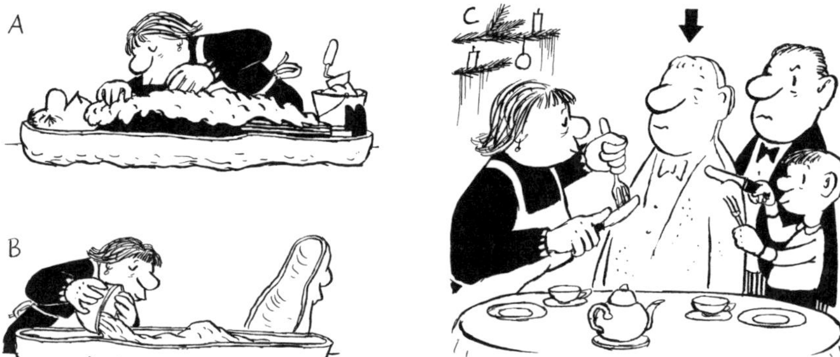

PAPA AUS MARZIPAN

40 kg süße und 6 kg bittere Mandeln stoßen und mit einigen Tropfen Rosenwasser sehr fein verreiben. Das Ganze mit 35 kg Zucker in einer Messingpfanne bei kleinem Feuer so lange rühren, bis der Finger nicht klebt, wenn man ihn aufdrückt. Dann vom Gatten, der die Augen geschlossen halten muss (Überraschung!), in zwei Hälften einen Gipsabdruck nehmen (A), die noch warme Marzipanmasse in die leere Form geben (B), nach Festwerden herauslösen und zusammensetzen. Über eine eventuelle Missstimmung des Gatten, der anschließend längerer Schonung bedarf, hilft der Genuss von 83 kg hochfeinen Marzipans (PFEIL) spielend hinweg (C).

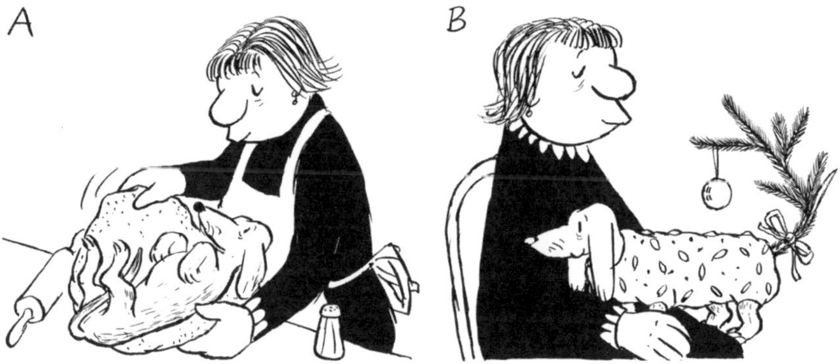

DACKEL IM SCHLAFROCK

Wir bereiten aus 450 g Kokosfett, 575 g Zucker, 8 Eiern, 200 g Kakao und 250 g geriebenen Mandeln einen herkömmlichen Nougatteig und geben den Hund hinein (A).
5–6 Minuten kühl und ruhig stehen lassen. Dann mit Mandeln, Rosinen und Tannengrün festlich dekorieren (B). Auch das Tier soll wissen, dass Weihnachten ist.
Merke: *Statt des Dackels kann man auch Neufundländer oder Meerschweinchen nehmen.*

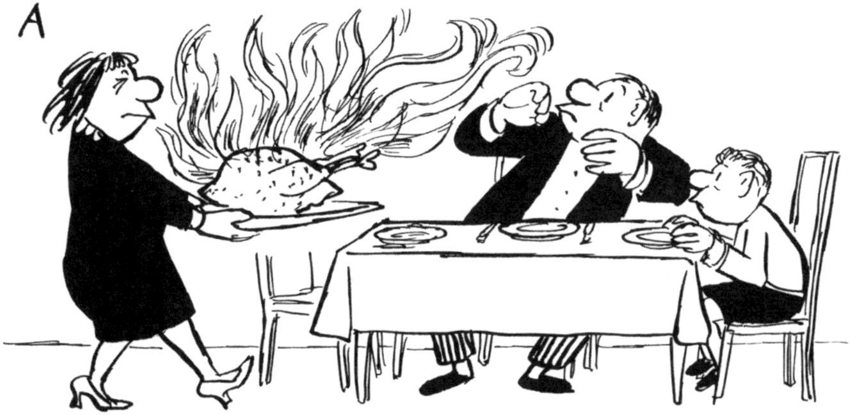

GANS FLAMBIERT

Kein Festessen ohne ›Gans flambiert‹, ein weihnachtliches Spezialgericht. Die ausgenommene Gans wird mit Äpfeln gefüllt, goldbraun gebraten, mit einer Sauce aus je einem Drittel Cognac, Zucker und Spiritus übergossen und vor dem Servieren entzündet (A). →

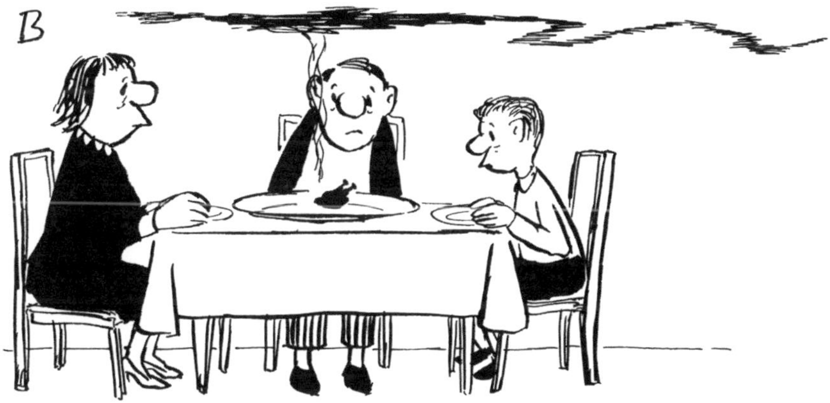

Nach Erlöschen essen. Eine festliche Mahlzeit, die nicht dick macht (B).

KOCHEN
LEICHT GEMACHT

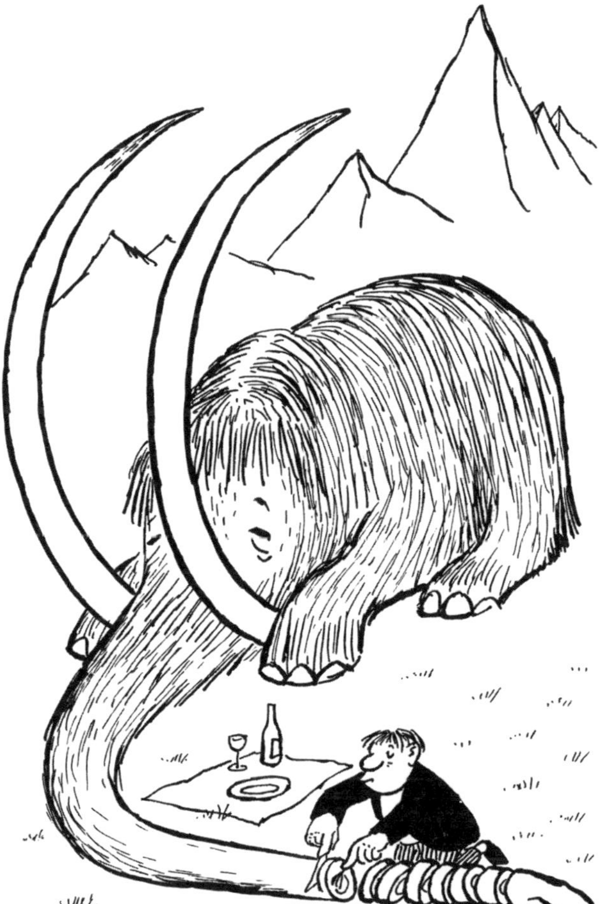

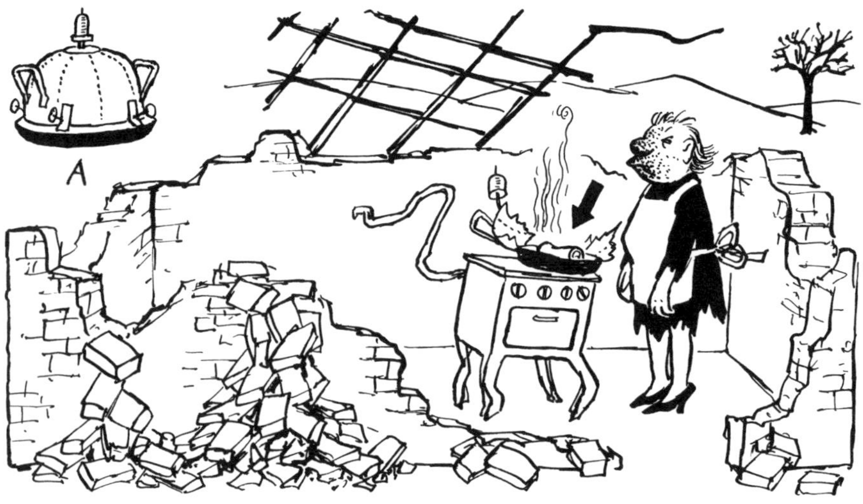

Der Patent-Drucktopf ›Glückauf‹ (A) ermöglicht die Zubereitung aller Speisen in Sekundenschnelle. Das Gerät arbeitet anspruchslos und absolut zuverlässig. Kürzlich erwies sich trotz Auftreten einer Ventilstörung die angesetzte Kohlroulade (PFEIL) als schmackhaft und bekömmlich.

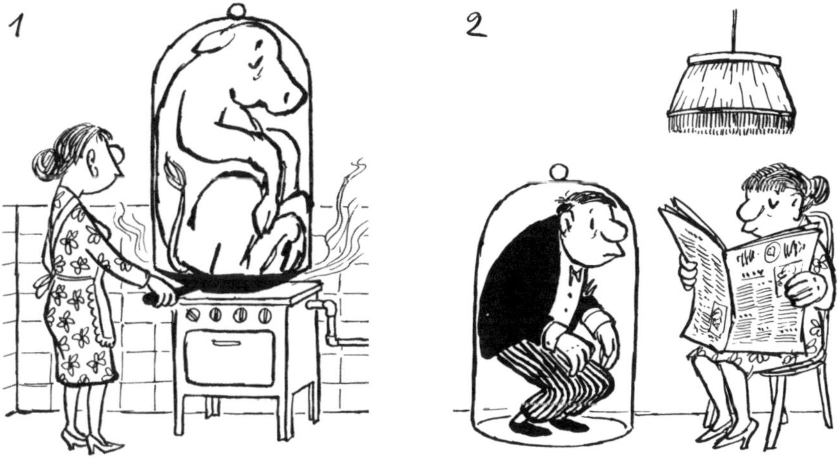

Stundenlanges Schmoren großer Portionen gehört der Vergangenheit an. Unter dem feuerfesten Glassturz ›Erika‹ benötigen auch ältere oder zähe Tiere nur 2 bis 6 Minuten auf kleiner Flamme (1). Nach der Küchenarbeit ist ›Erika‹ auch im übrigen Haushalt zu Frischhaltezwecken vielseitig verwendbar (2).

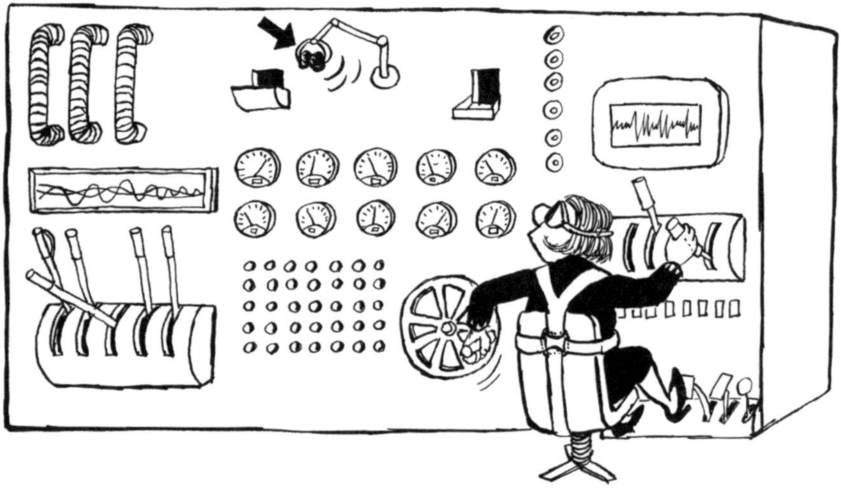

Dieser vollautomatische Sparherd mit halbsynchronisierter Radaranlage, chlorophyllgesteuertem Lochkartensystem, lautstarker Abwasserhydraulik und Elektronenhirn mit Schwundausgleich hat sich schon die Herzen Millionen überlasteter Hausfrauen erobert. Die Abbildung zeigt das Küchenwunder während der Arbeit an zwei Königsberger Klopsen (PFEIL).

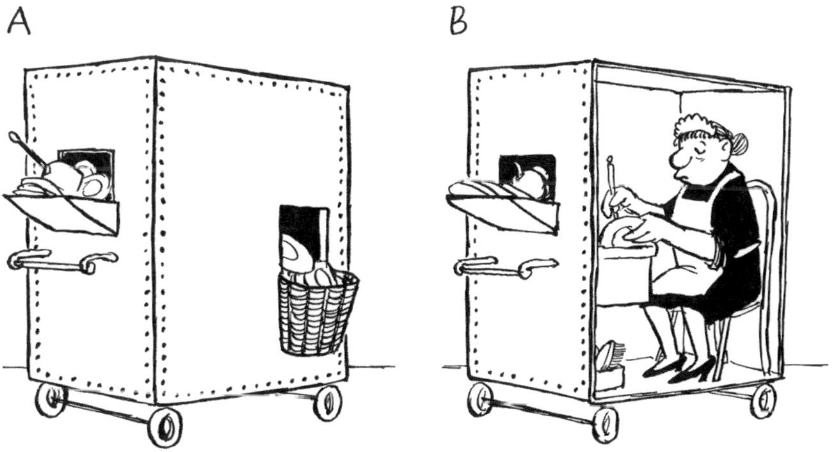

Die fahrbare Abwaschmaschine ›Paula II‹ befreit außer Geschirr auch Schuhe von grobem Schmutz und stopft Strümpfe.

A. Das geschlossene Gerät.

B. Dasselbe geöffnet …

PS: ›Paula II‹ ist zurzeit wegen Materialschwierigkeiten nicht lieferbar.

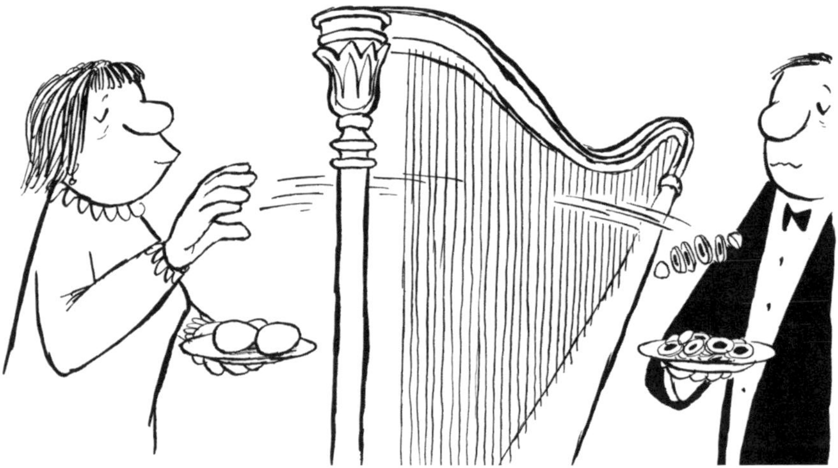

Die Harfe entwickelt sich zum Zierstück der kalten Küche. Das Zerkleinern von harten Eiern, Gurken und Radieschen für die Zubereitung feiner Salate garantiert allabendlich ein philharmonisches Erlebnis.

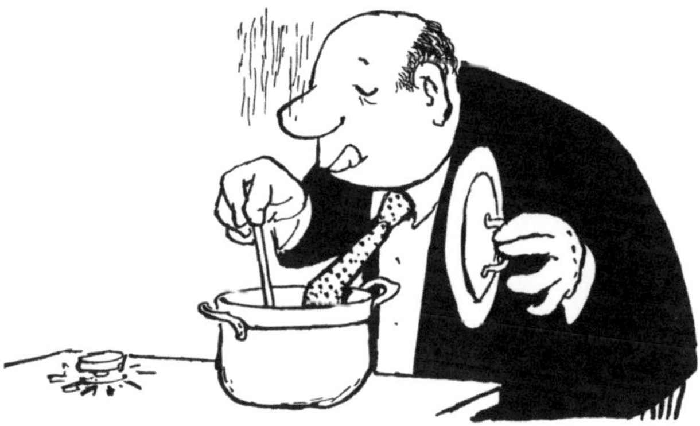

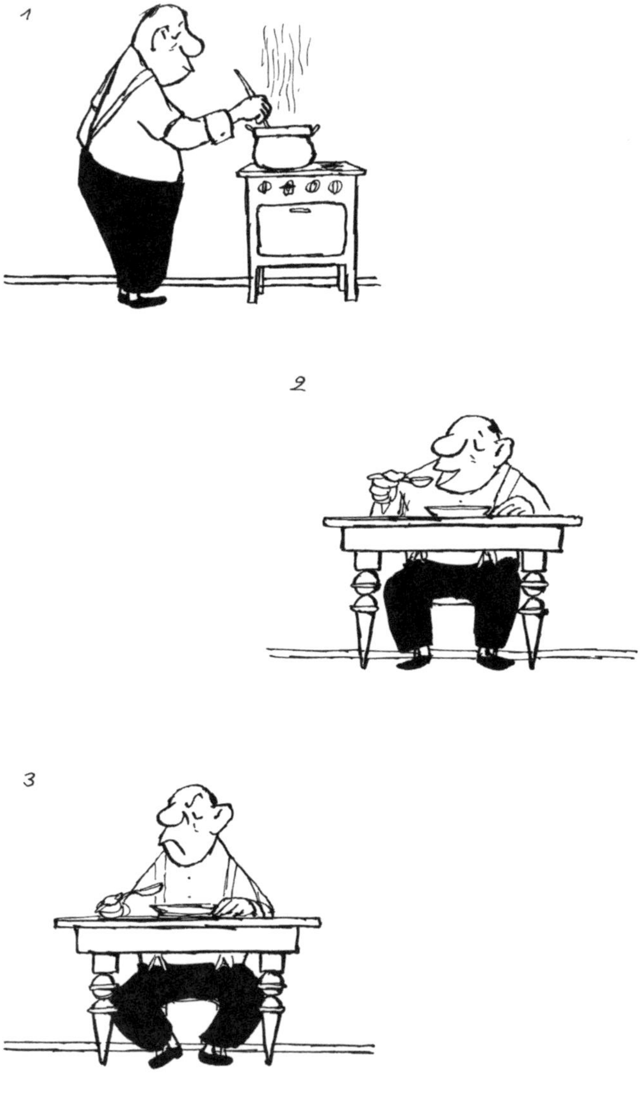
1
2
3

4

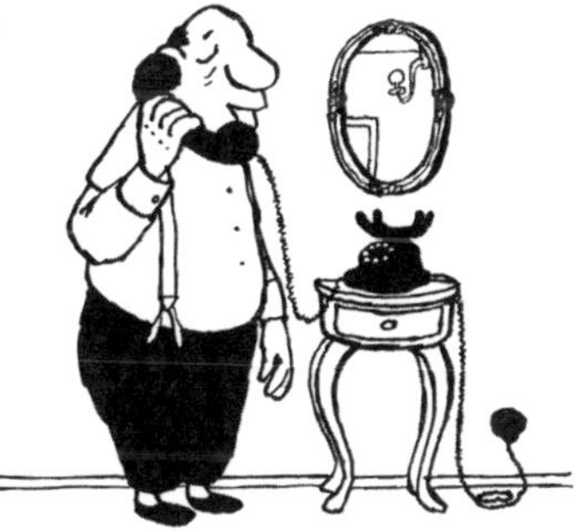

5

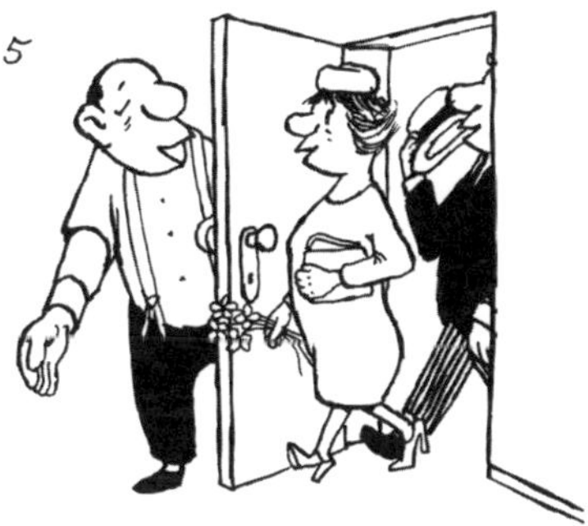

6

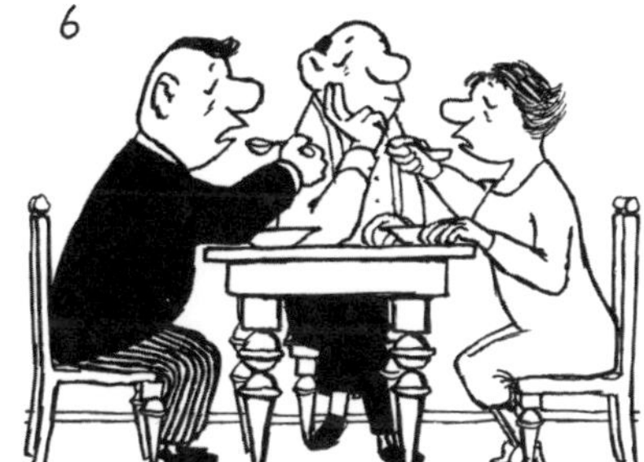

IM RESTAURANT

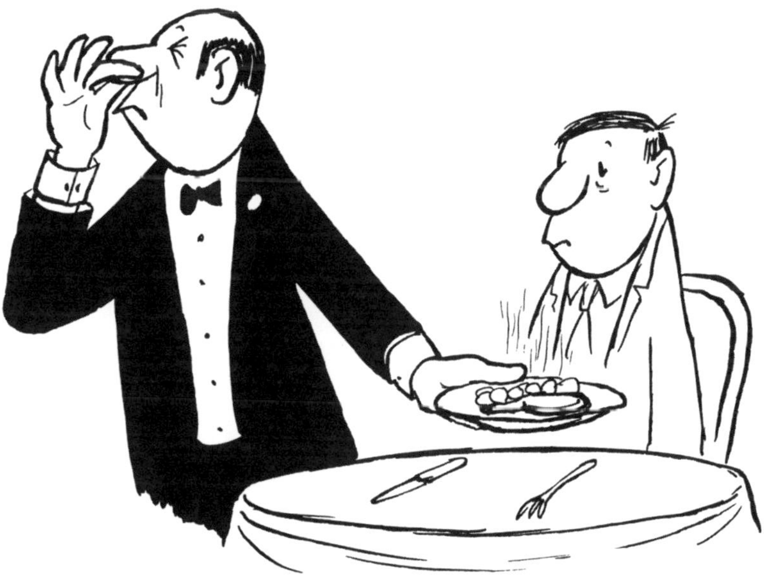

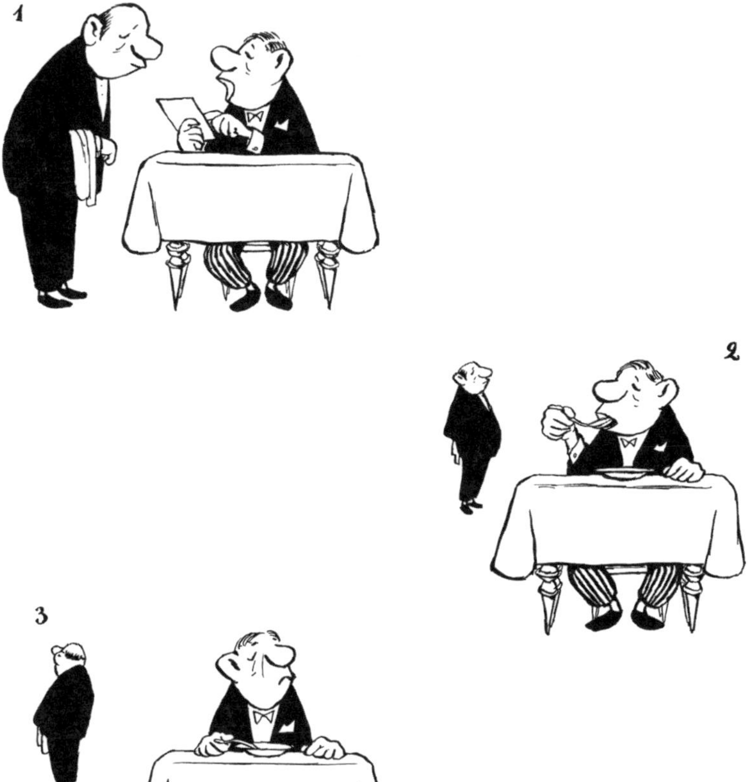

4

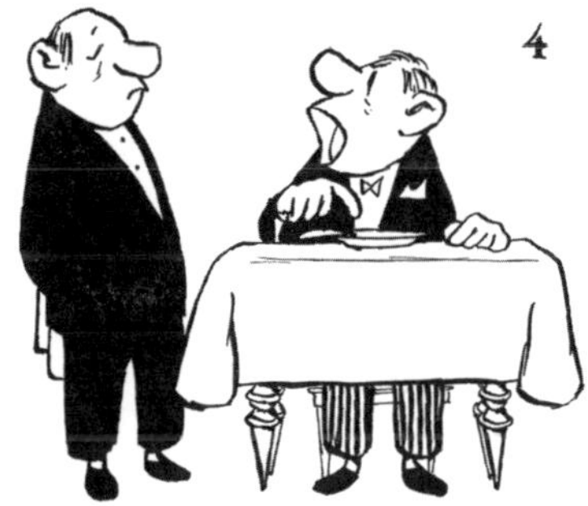

5

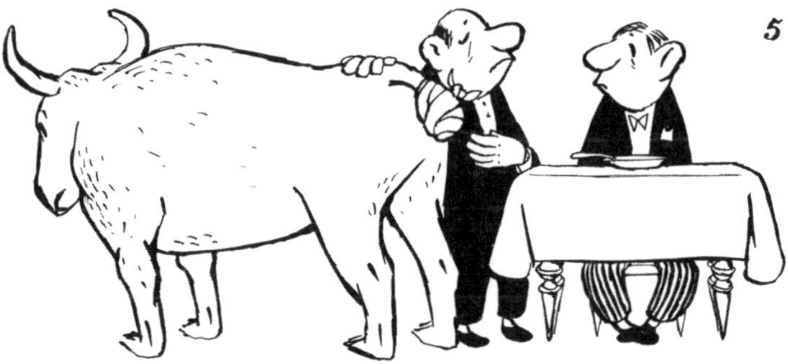

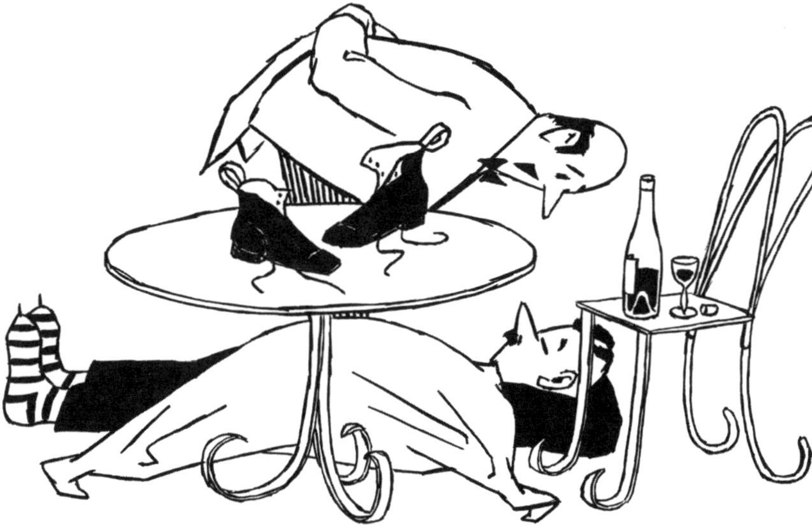

»Das is'n Weinchen, was?!«

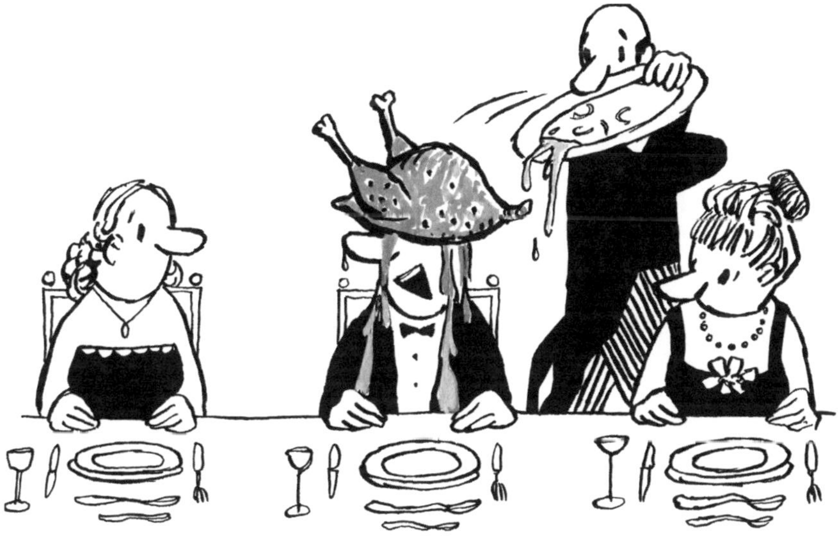

»Da ist mir neulich noch ein ganz anderes Ding passiert …«

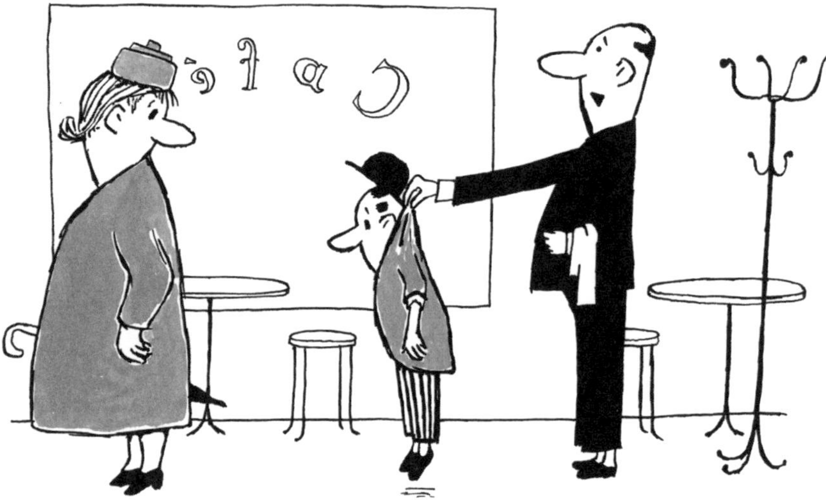

»Haben *Sie* das hier liegenlassen?«

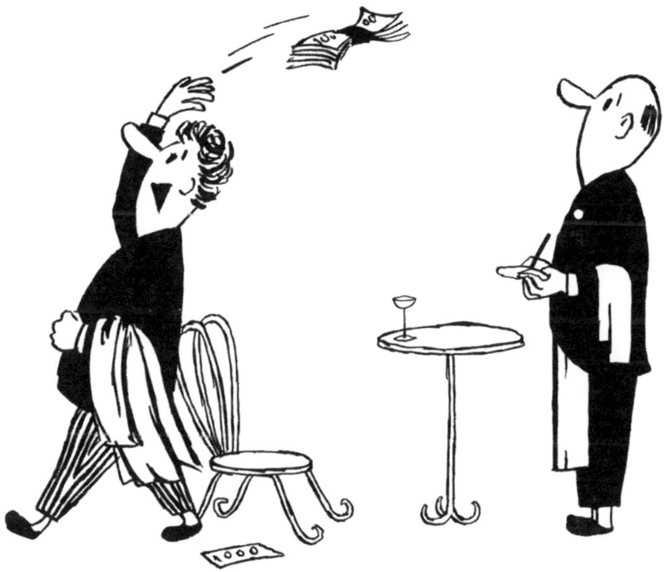

»Stimmt so!«

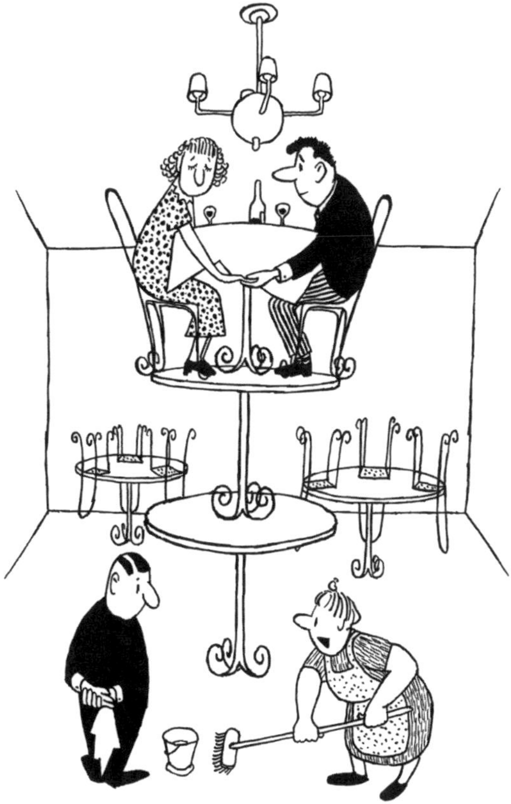

»Hat keinen Zweck, die bestellen doch nichts mehr!«

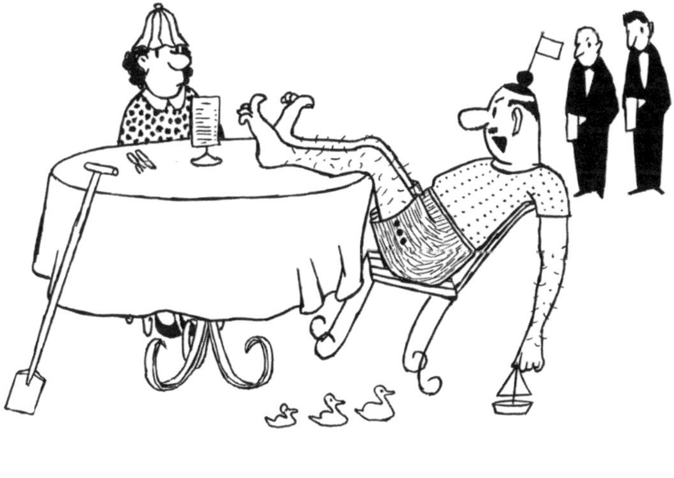

»Also, wer hat Urlaub – ich oder der Ober?!«

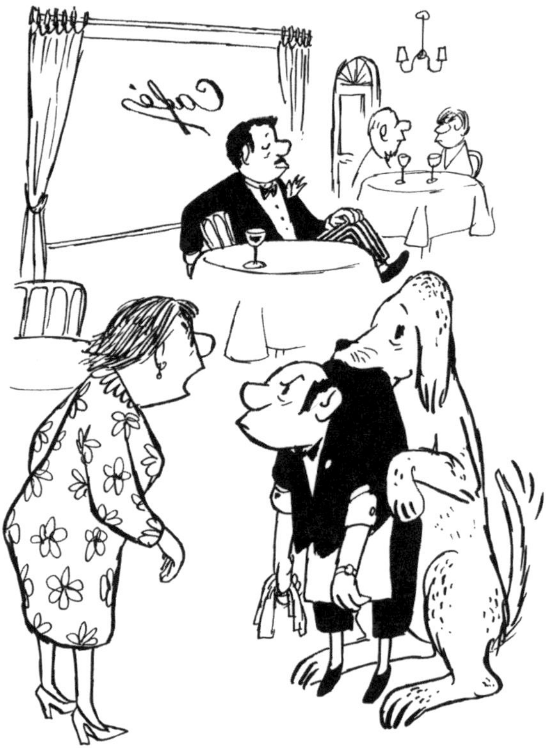

»*Den* wollte ich doch gar nicht …!«

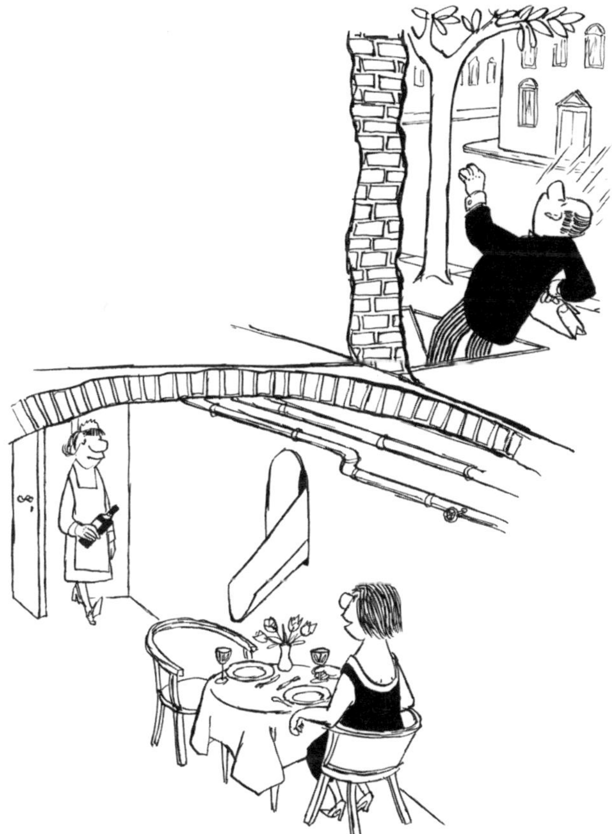

»Sie können jetzt eingießen!«

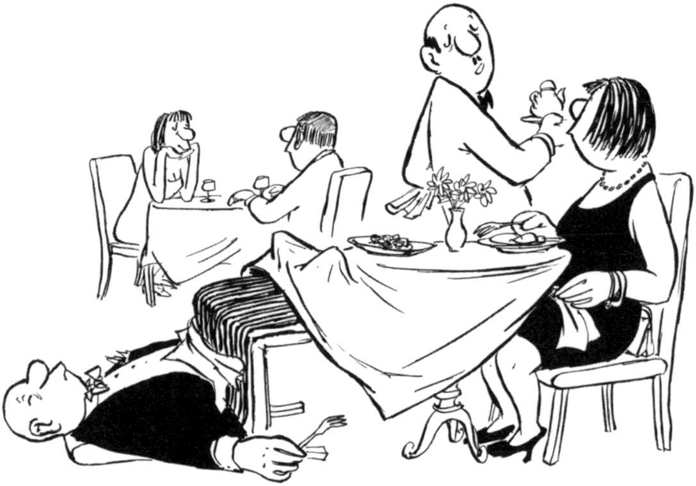

»Mag der Herr keine Pilze?«

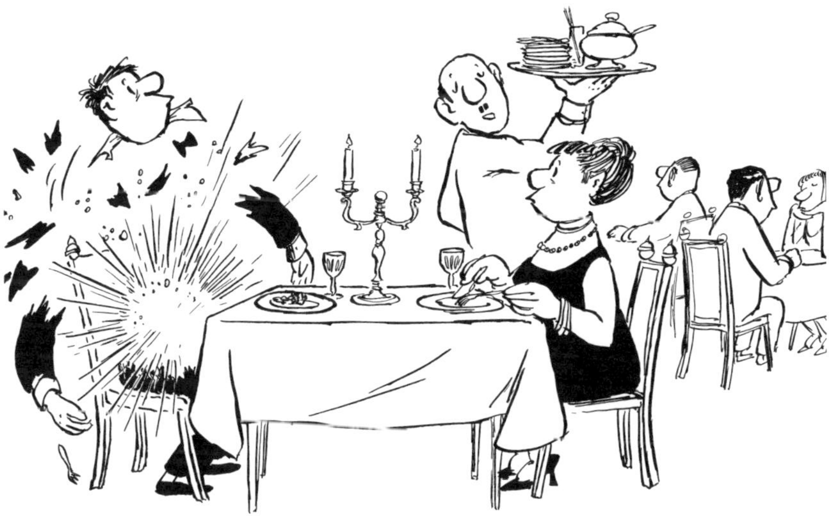

»Ich vertrage auch keine Hülsenfrüchte.«

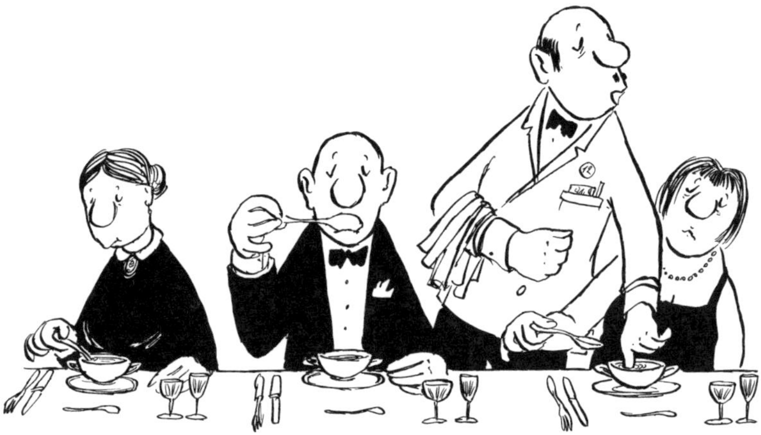

»Heißer ist aber nicht gut für den Magen, meine Dame!«

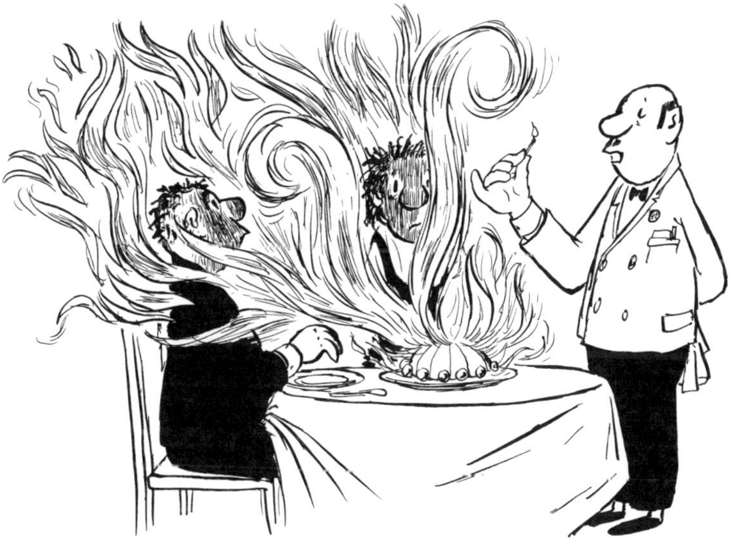

»Sie wünschten es doch flambiert …«

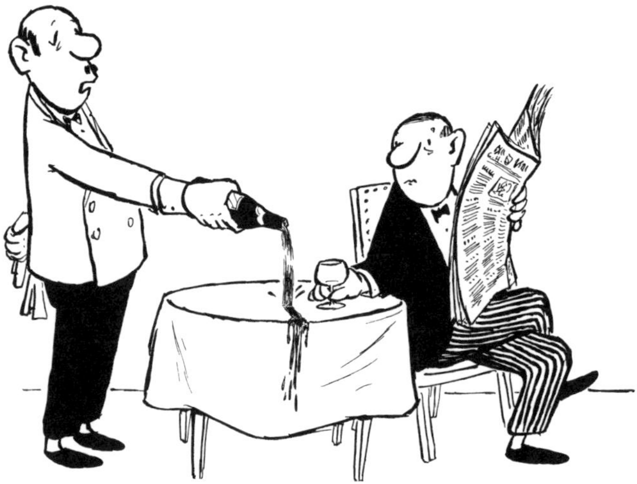

»Etwas näher ran, bitte.«

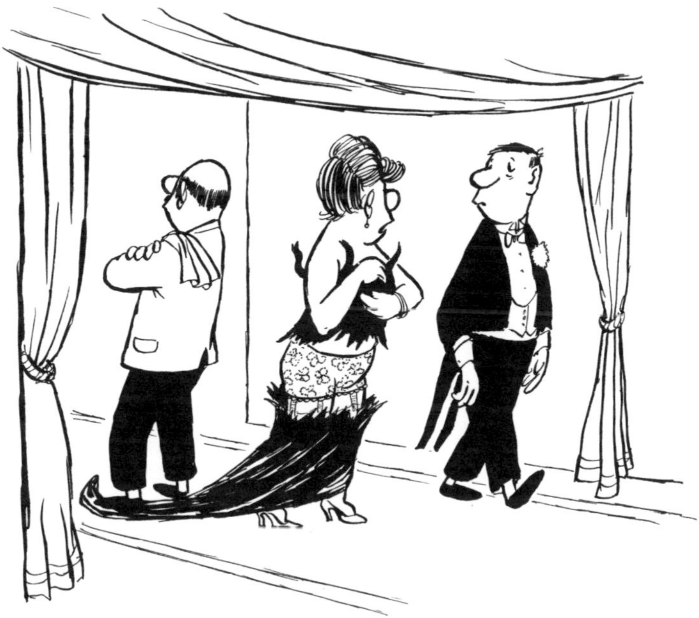

»Ich glaube, du hast ihm zu wenig Trinkgeld gegeben.«

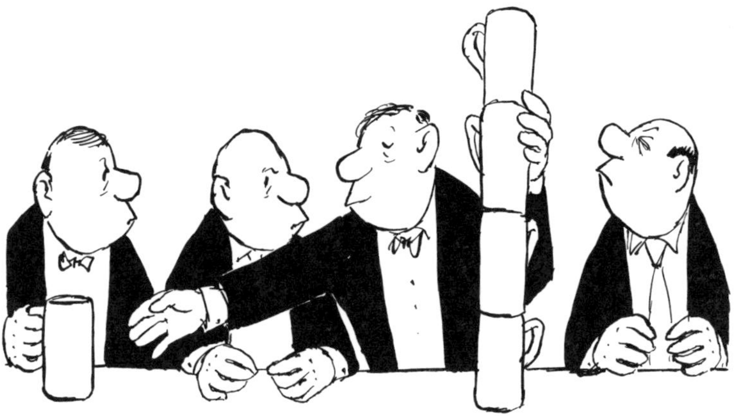

Oft weist das Beisammensein in Gaststätten geistige Mängel auf. Durch lustige Geschicklichkeitsübungen tragen Sie zur Auflockerung bei und machen sich selbst zum bewunderten Mittelpunkt.

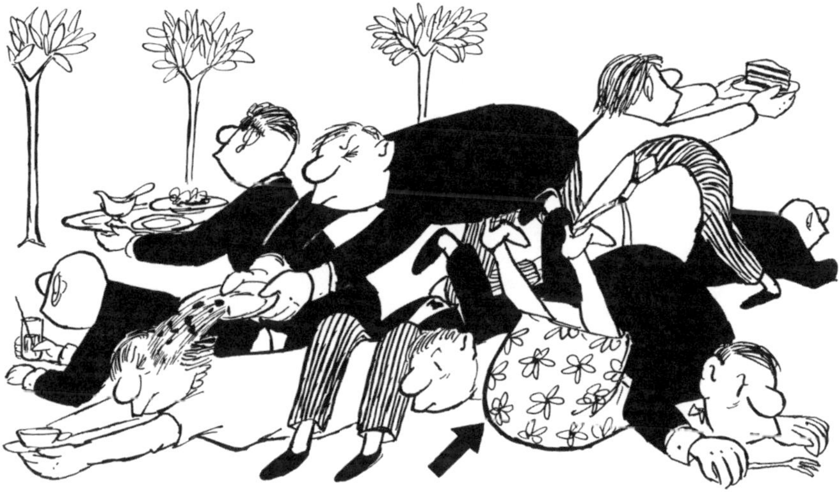

In Gaststätten ist die Selbstbedienung bisher kaum heimisch geworden. Auch Frau Edith Sch. (PFEIL, halbverdeckt), Besitzerin eines Gartenlokals in Wuppertal, zeigte sich beim ersten Versuch noch nicht voll befriedigt.

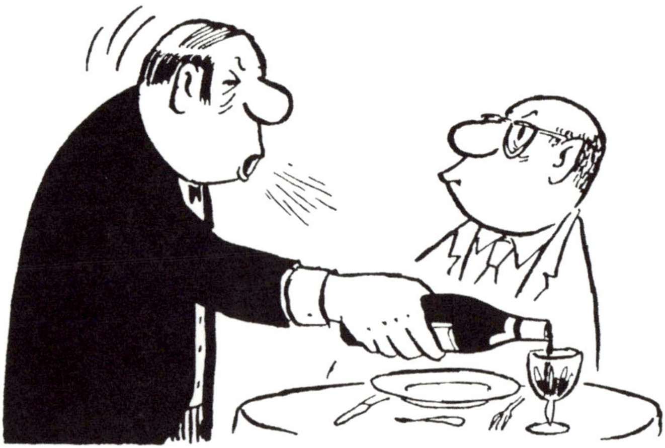

FALSCH

Hustenanfälle von Seiten der Bedienung schmälern Appetit und Wohlbefinden des empfindsamen Gastes. →

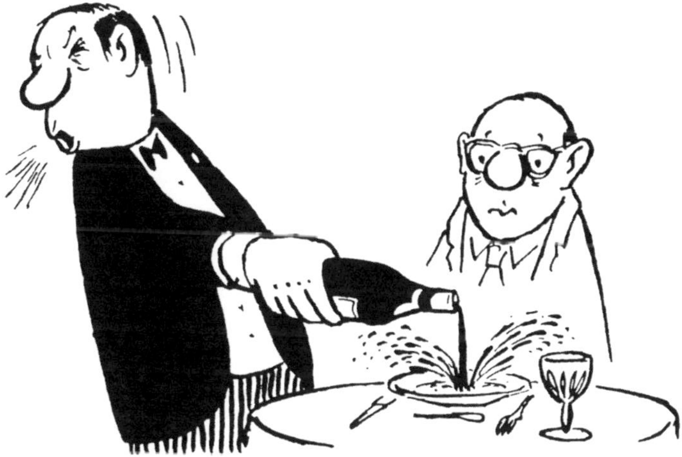

RICHTIG

Oberkellner alter Schule geben durch seitlich abreagierten Hustenreiz ein eindrucksvolles Beispiel für ihre geschliffenen Umgangsformen.

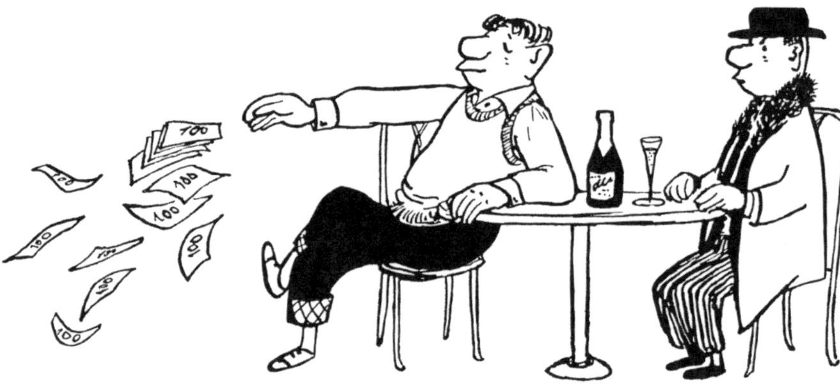

Ungezwungenheit, vor allem im Trinkgeldgeben, ist die wichtigste Voraussetzung, um Stammgast zu werden. Peter H., Großhelfersdorf (LINKS), hat es geschafft.

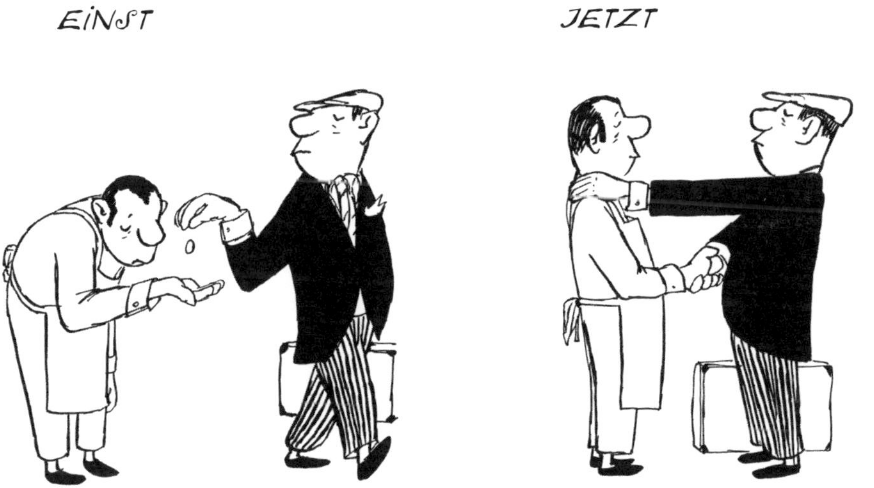

Die Unsitte des Trinkgeldgebens hat erfreulicherweise einer würdigeren Form Platz gemacht. Drücken Sie dem Personal die Hand, jedem fest ins Auge sehend, und finden Sie ein aufrichtiges Wort des Dankes, dann wird man Sie nie vergessen.

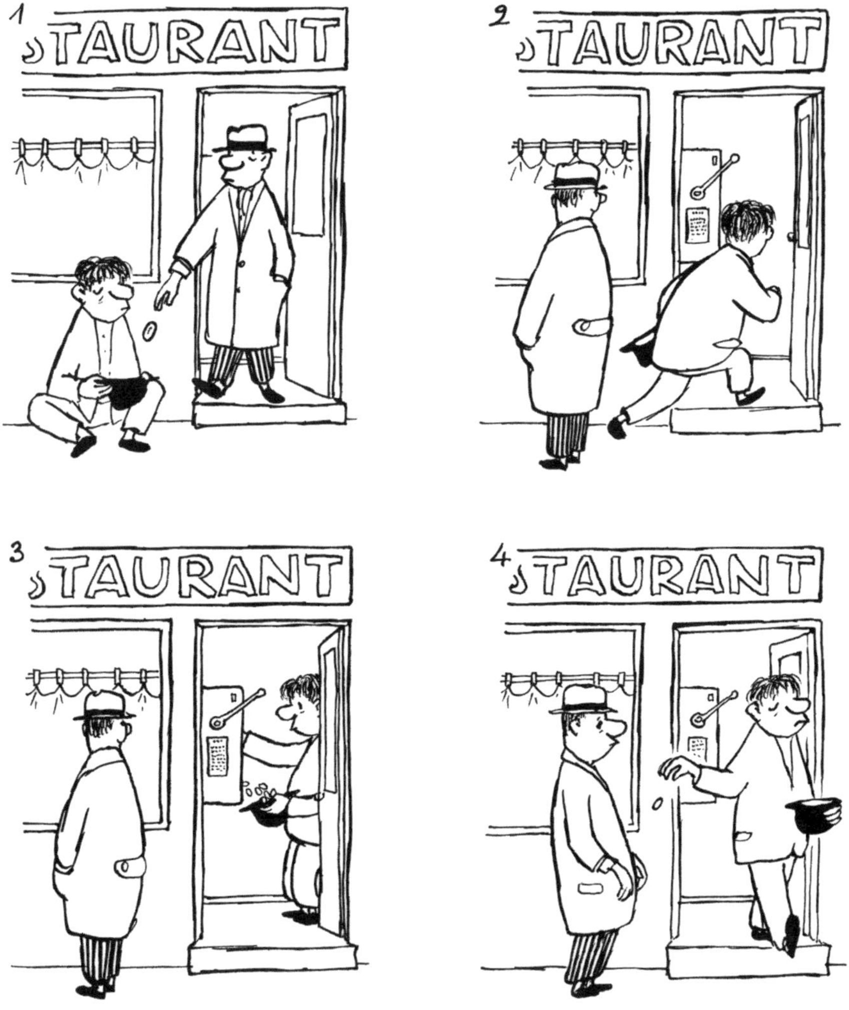
1
STAURANT
2
STAURANT
3
STAURANT
4
STAURANT

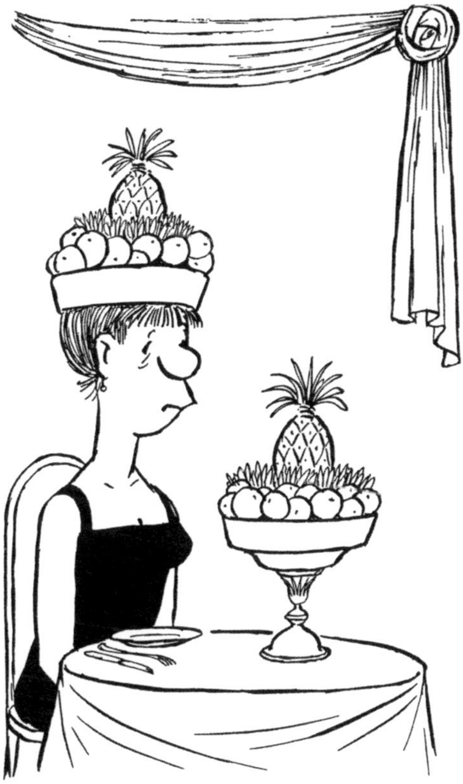

1

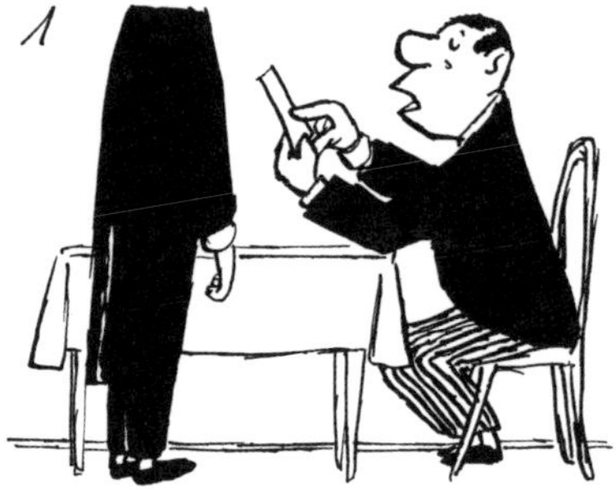

2

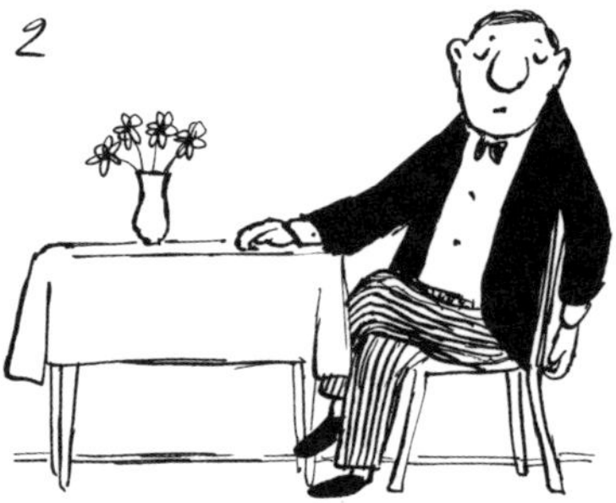

3

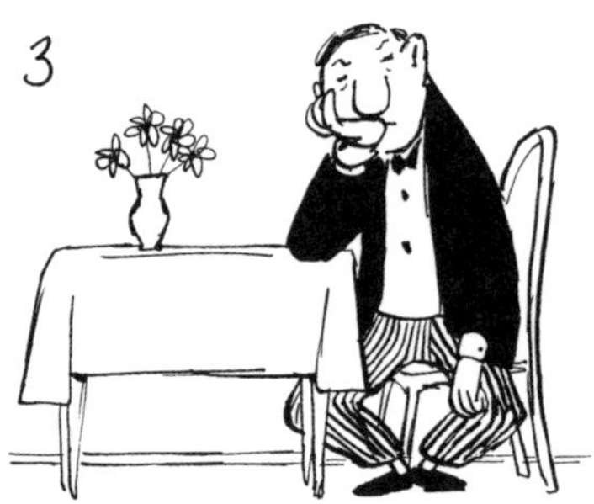

4

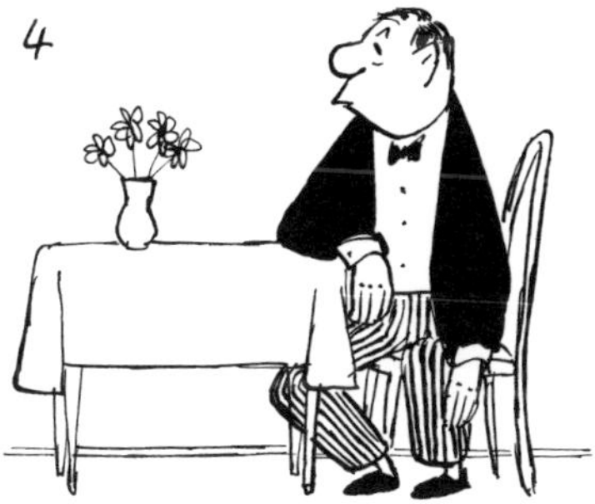

5

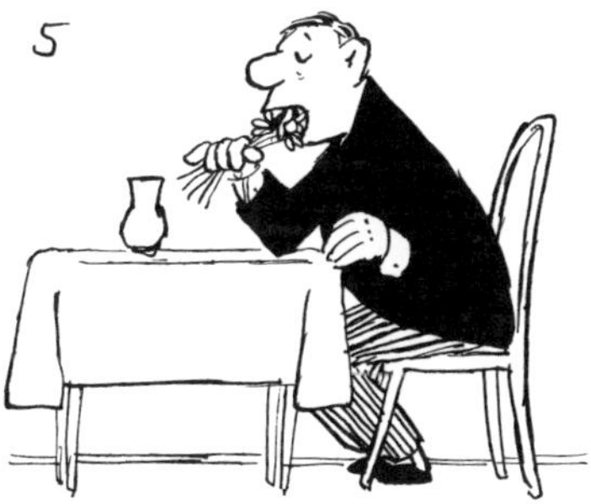

6

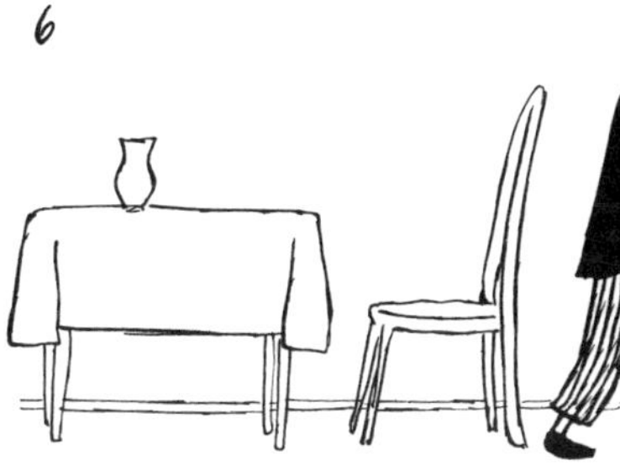

MANIEREN BEI TISCH

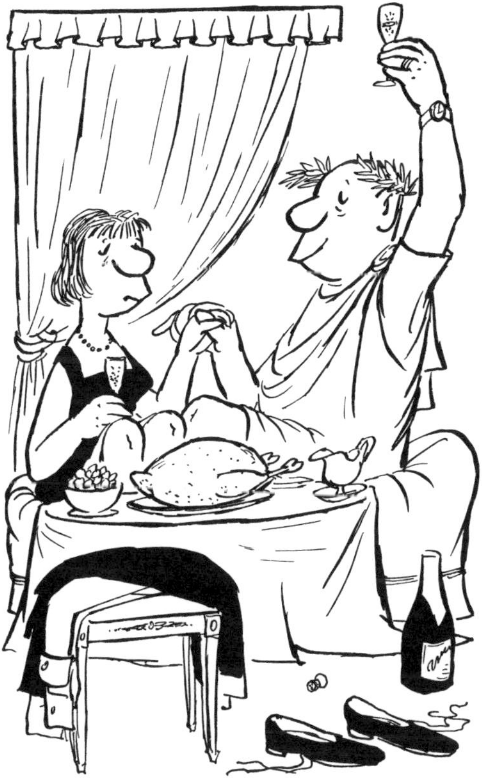

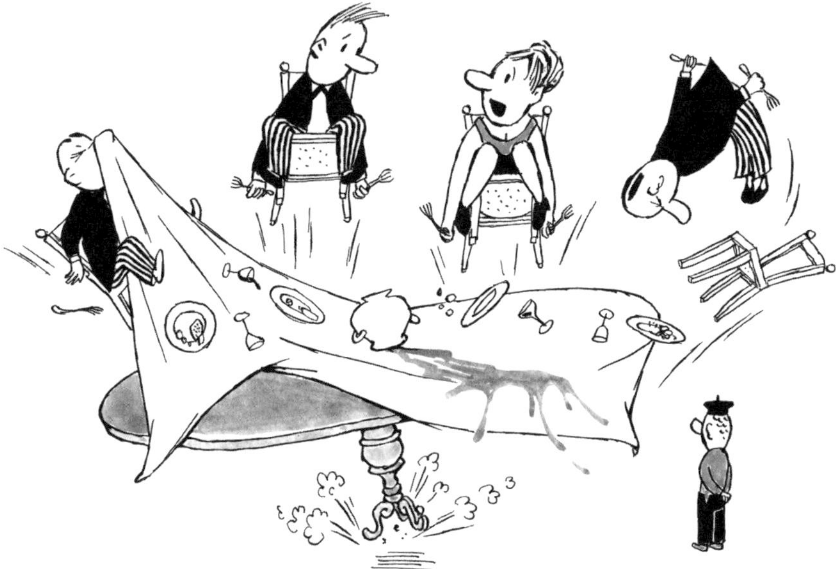

»Nichts merken lassen – das ist wieder einer von Bubis blöden Scherzartikeln!«

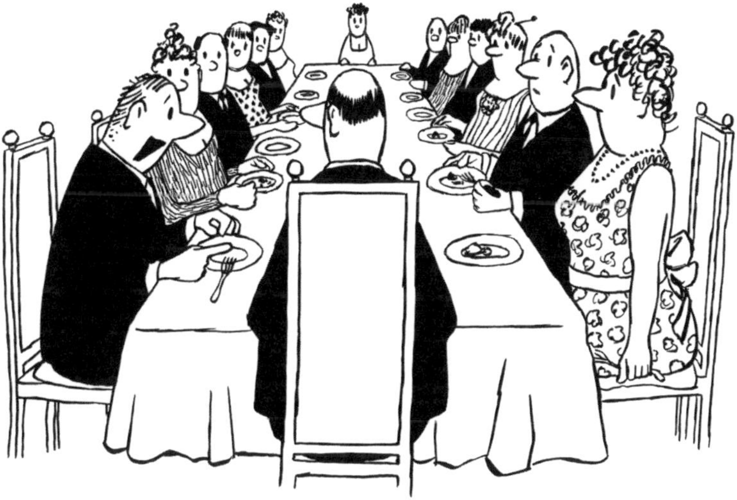

»Siehst du, jetzt ist es doch noch ganz nett geworden,
und erst wolltest du gar nicht mit!«

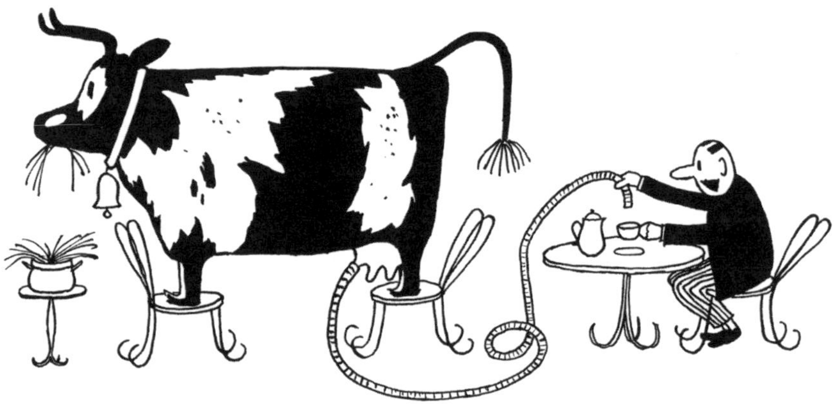

»Na – los doch!«

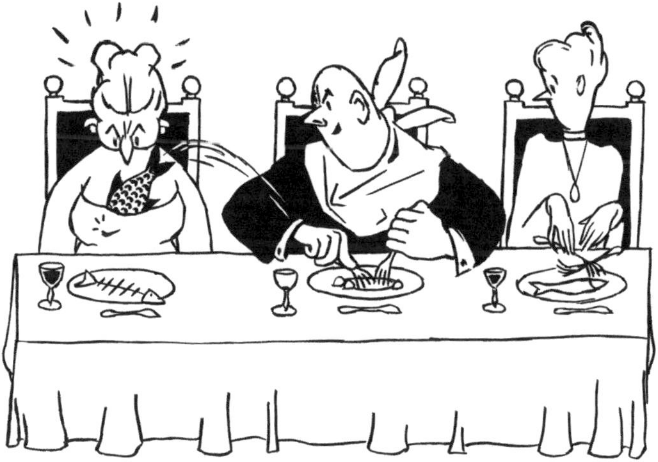

»Mistvieh!«

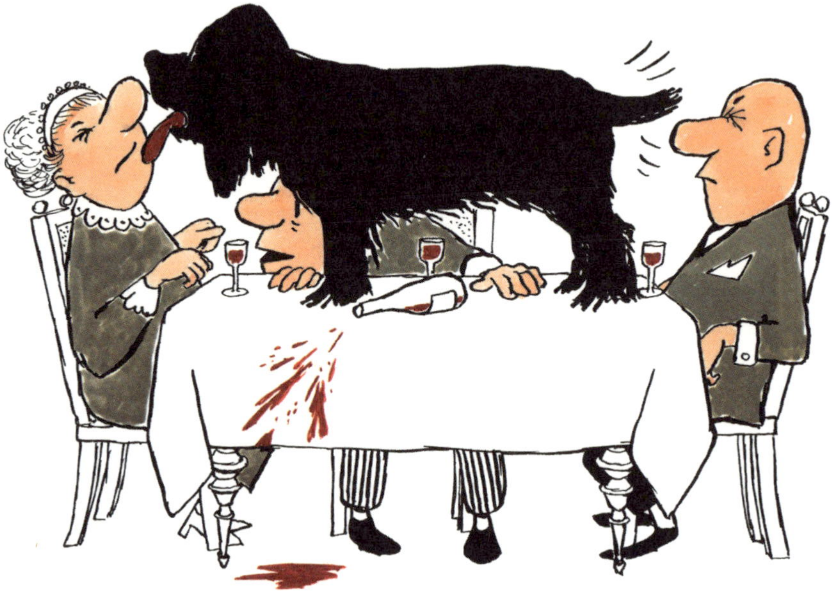

»Mögen Sie keine Hunde – oder was is?«

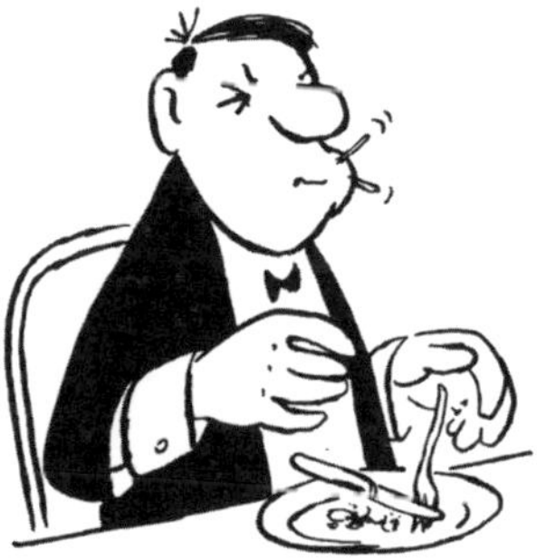

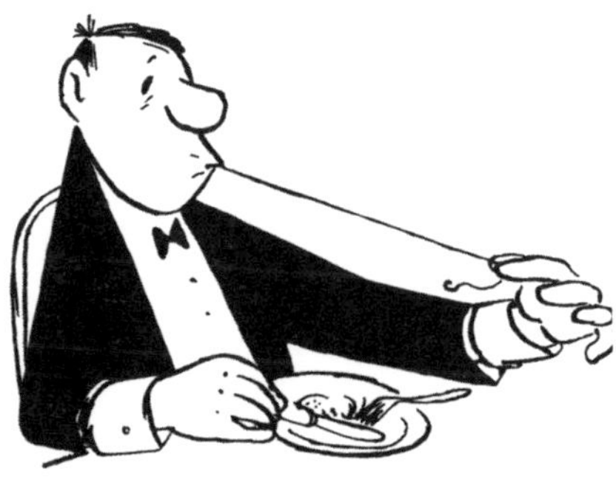

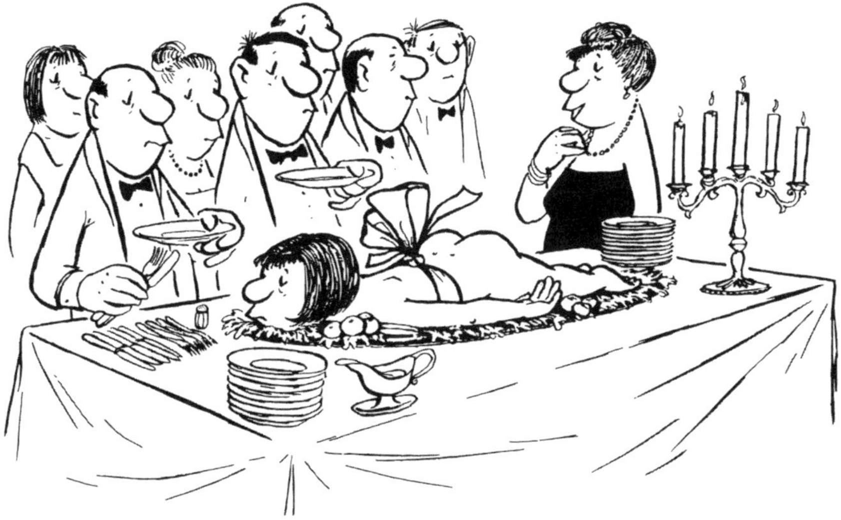

»Bitte greifen Sie zu, solange der bescheidene Vorrat reicht.«

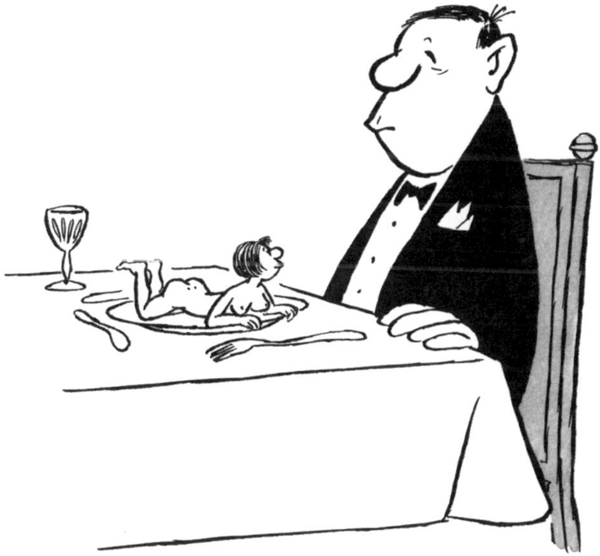

»Man isst, was auf den Tisch kommt.«

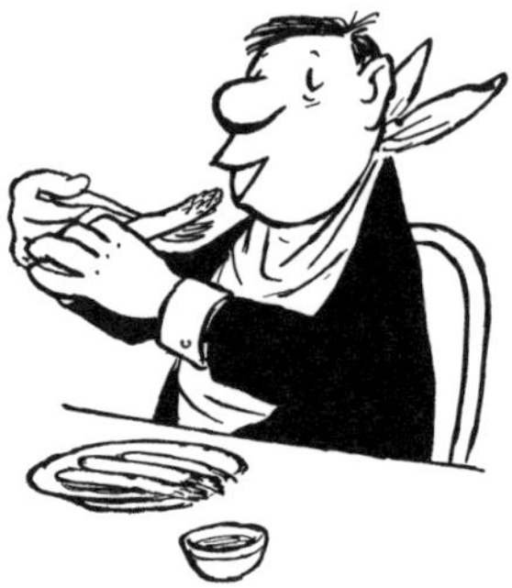

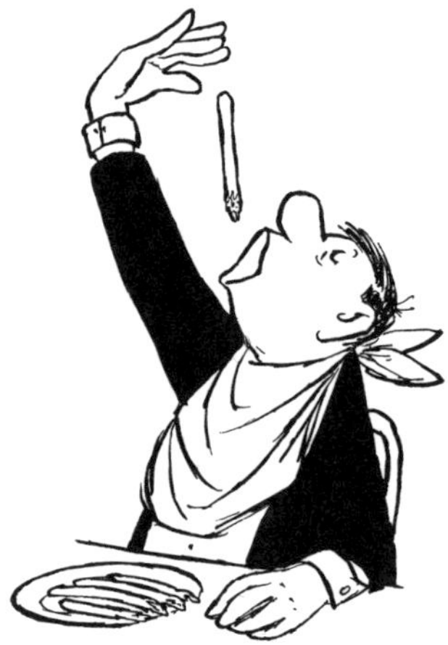

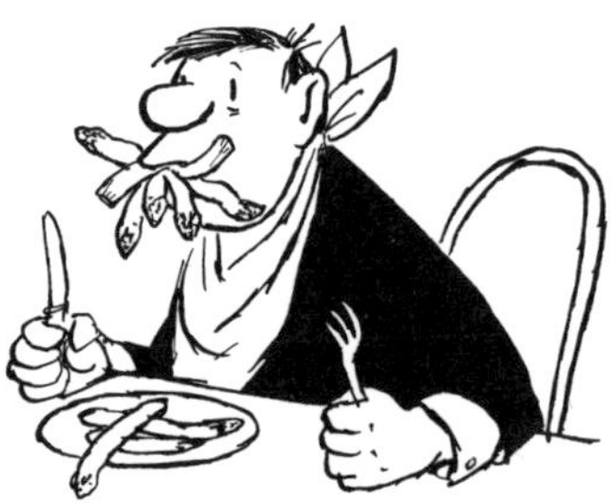

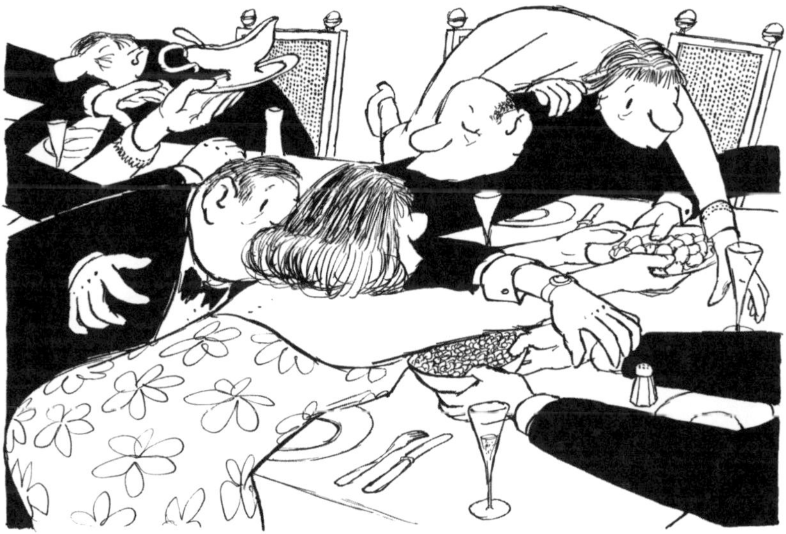

Hemmen Sie nicht den Ablauf des Essens durch unnötiges Zögern. Nur blitzschnelles Zugreifen sichert Ihnen die besten Stücke und beweist der Hausfrau, dass Sie sich wohl fühlen. Daher oberstes Gesetz für jedes Diner: *Sei lebhaft!*

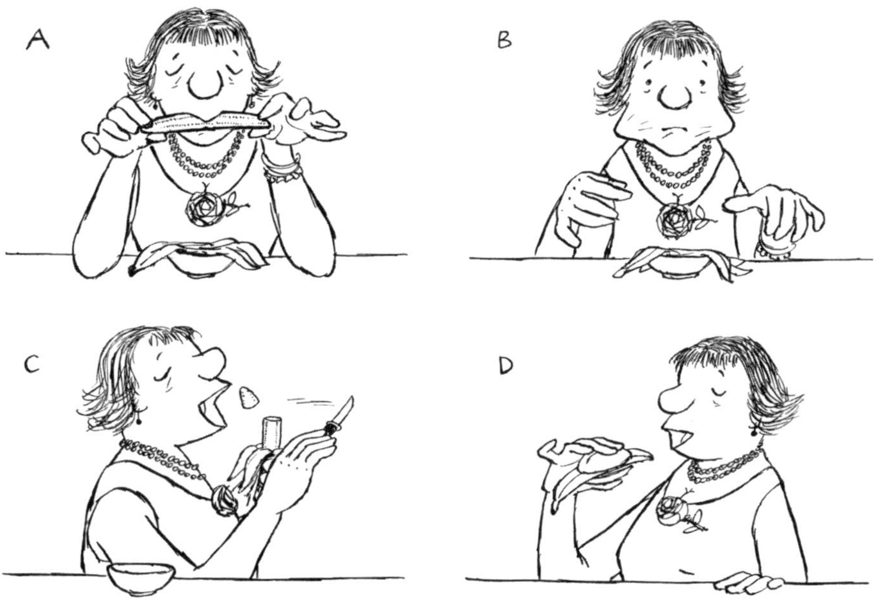

Bananen verraten Ihre Kinderstube. (A) zeigt das Essen einer Banane im Windsor-Stil. Es ist die einzig mögliche Art. Von der Unsitte, Bananen in einem Stück zu verzehren, ist wegen der unschönen Gesichtsverformungen abzuraten (B). Kunststücke beim Essen nur im engsten Familienkreise (C). Ungeschälte Bananen auf Brot verschaffen Ihnen den Ruf der Originalität, sonst nichts (D).

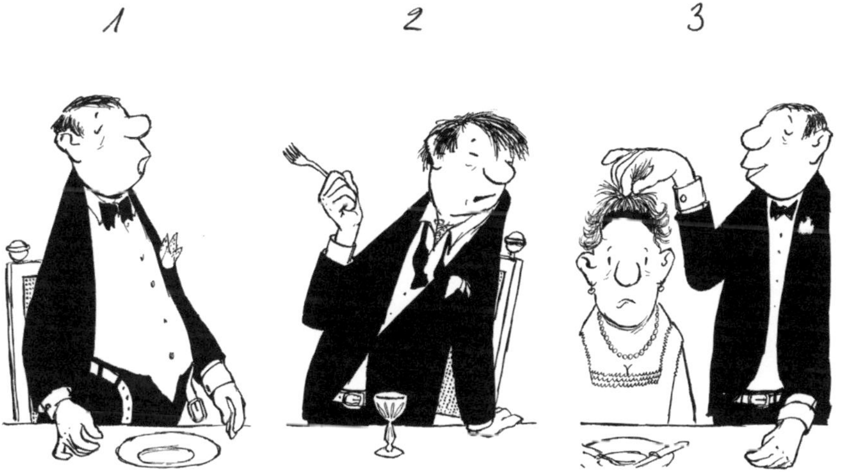

Als Redner sind Sie immer beliebt. Sollten Sie sich schon vor Ihrer Ansprache den Magen überladen haben, öffnen Sie als Mann von Welt den Gürtel (1). Dem Schüchternen hilft ein Tropfen Alkohol schnell zum erwünschten Kontakt mit den Angesprochenen (2). Scherzhafte Einlagen stempeln Sie binnen kurzem zur Stimmungskanone (3).

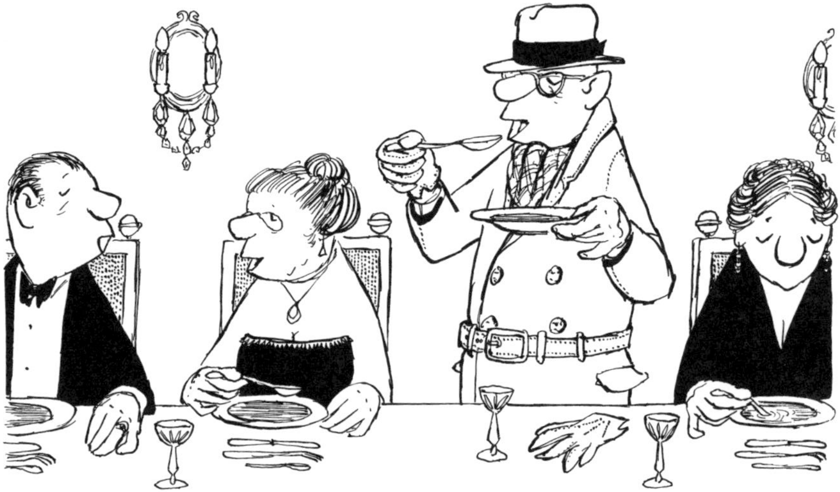

Wenn Sie ausschließlich am Essen teilzunehmen beabsichtigen, da Sie das abschließende gesellige Beisammensein langweilt, gilt das Verhalten wie in Schnellimbissen. Der Kavalier legt seinen linken Handschuh ab.

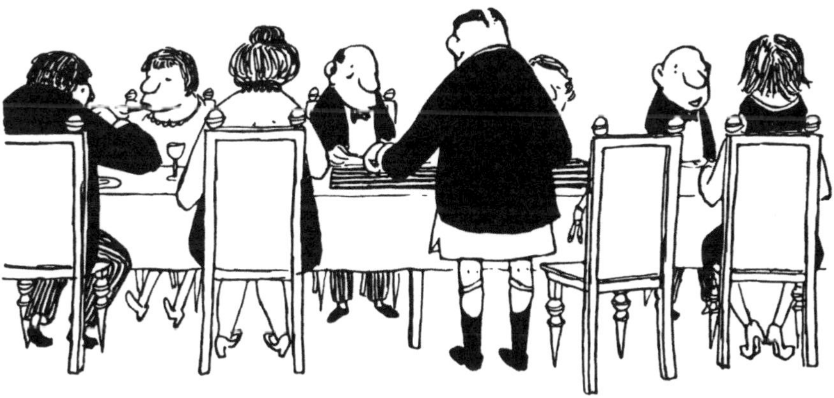

Ein Fleck auf der Hose ist kein Beinbruch. Beinkleid flach auf den Tisch legen. Lauwarmes Wasser auftupfen. Kleinen Teller unterschieben. Butterflecken gehen mit Teer heraus.
Merke: *Scham verrät Unsicherheit!*

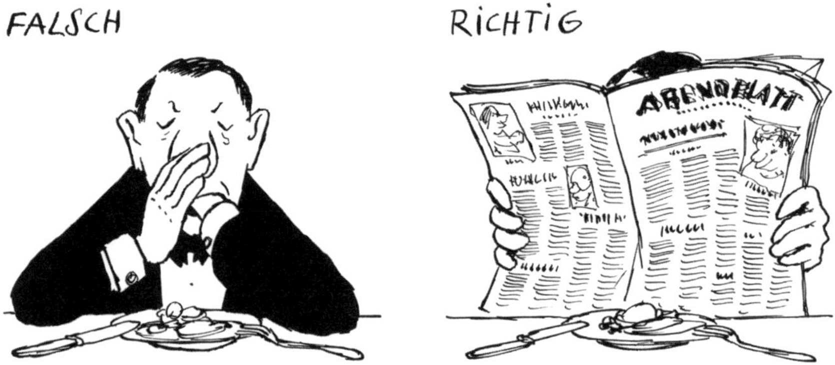

Entspricht eine Speise nicht Ihrem Geschmack, widerstehen Sie der Versuchung, sie rasch aus dem Mund zu nehmen. Hinter einer Tageszeitung neueren Datums können Sie meinetwegen machen, was Sie wollen.

FALSCH

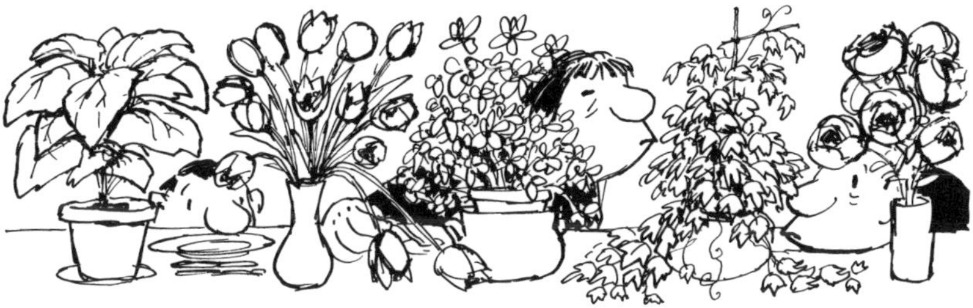

AUCH FALSCH

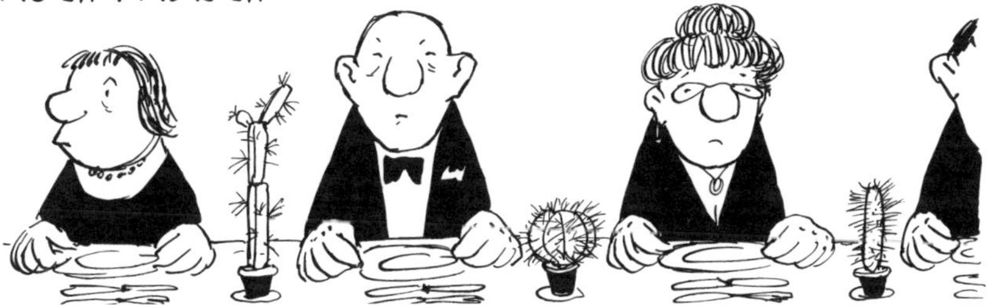

Übertriebener Tafelschmuck lässt nicht die richtige Stimmung aufkommen. Zu strenge Dekorationen verraten zwar Stilgefühl, verhindern aber auch die gewünschte Ausgelassenheit.

FALSCH

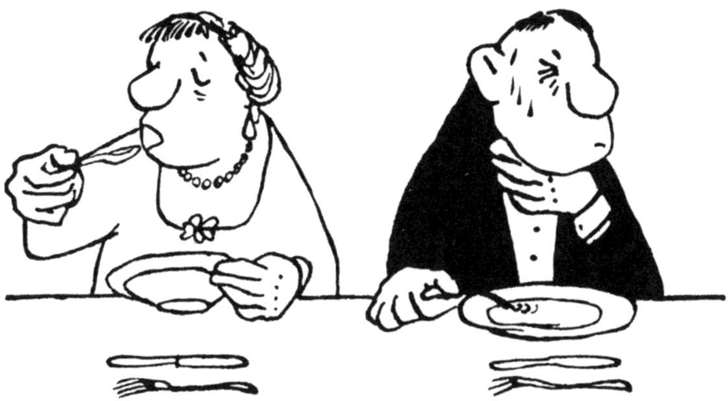

Wenn Ihnen die Suppe nicht schmeckt,
quälen Sie sie nicht herunter. →

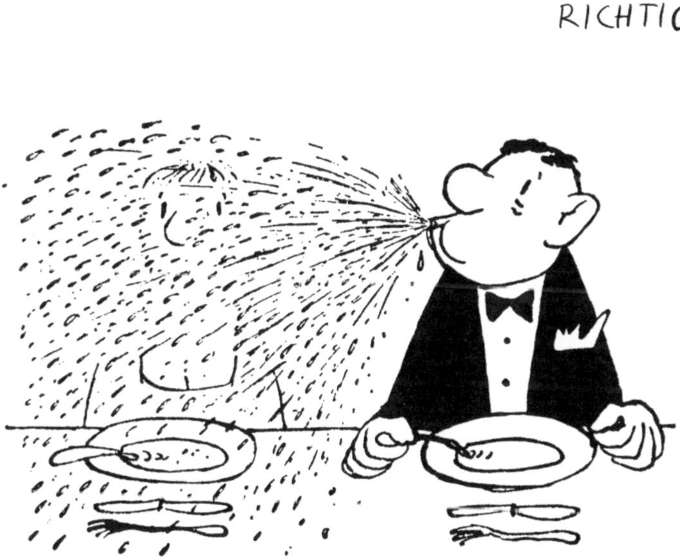

Benehmen Sie sich einfach ganz ungezwungen.

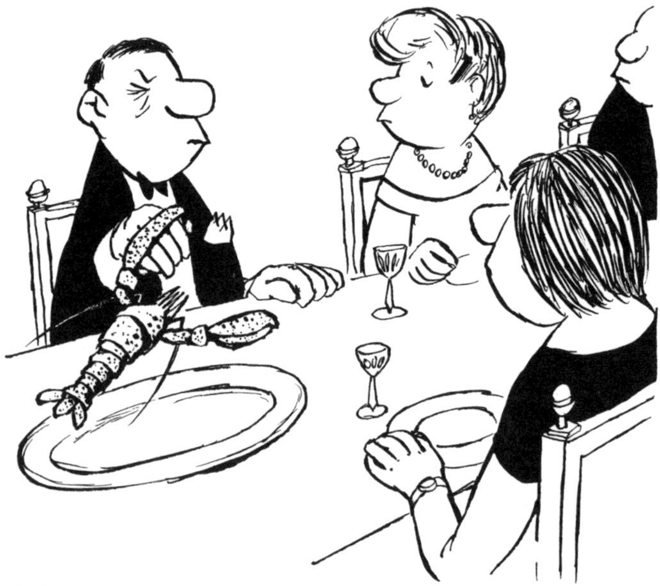

Krebse, die lebend auf den Tisch kommen, lassen bei den Gastgebern unzulängliche Kenntnisse in Küchendingen oder übertriebene Tierliebe vermuten. Meistern Sie Ihr Erstaunen trotz schmerzhafter Verstümmelungen und helfen Sie mit einem Scherzwort über die peinliche Situation hinweg.

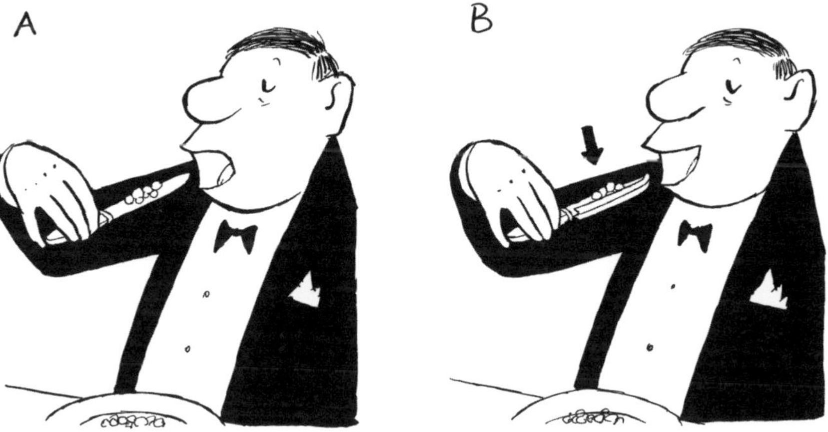

Das Genießen von Speisen mit ungeschützter Messerklinge (A) führt nicht selten zu beklagenswerten Verletzungen. Kenner schieben den ebenso preiswerten wie wirkungsvollen Mundwinkelschoner (PFEIL) auf die Klinge und erhalten sich somit die Freude an der gepflegten Mahlzeit (B).

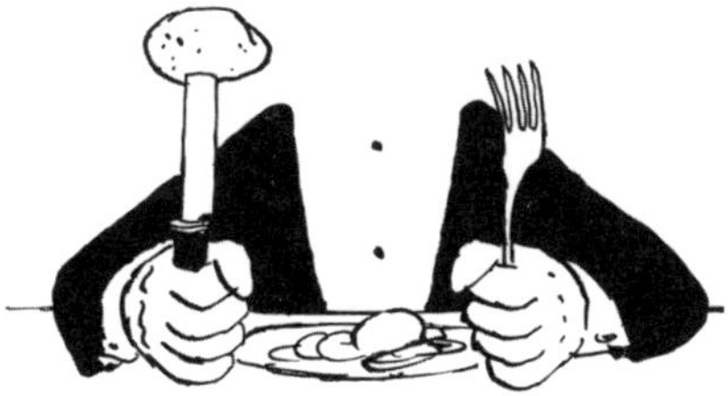

Falsch, die Kartoffel gehört auf die Gabel.

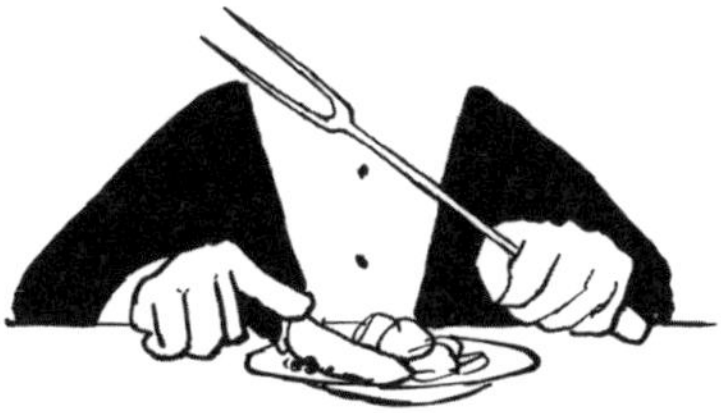

Sie haben die Bratengabel behalten. Es empfiehlt sich, sie unauffällig zurückzulegen.

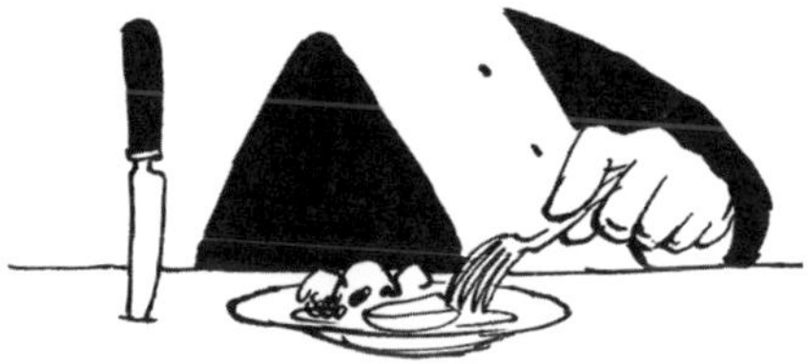

Das wollen wir nicht mehr sehen. Beim Essen gehören beide Hände auf den Tisch.

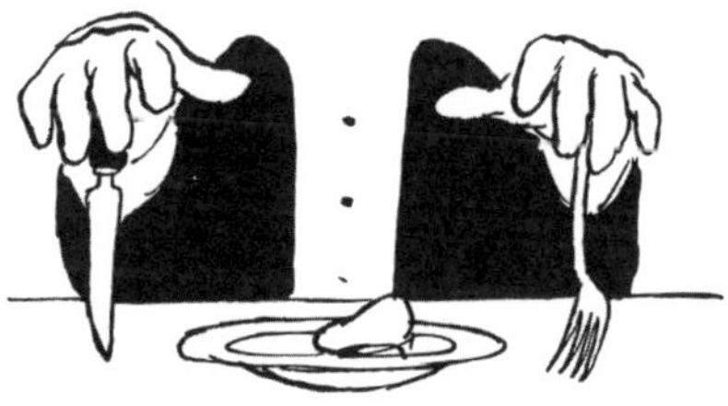

Diese in allen Ländern, außer in Venezuela, übliche Geste bedeutet »Nein, danke« oder »Mir ist schlecht«.

A

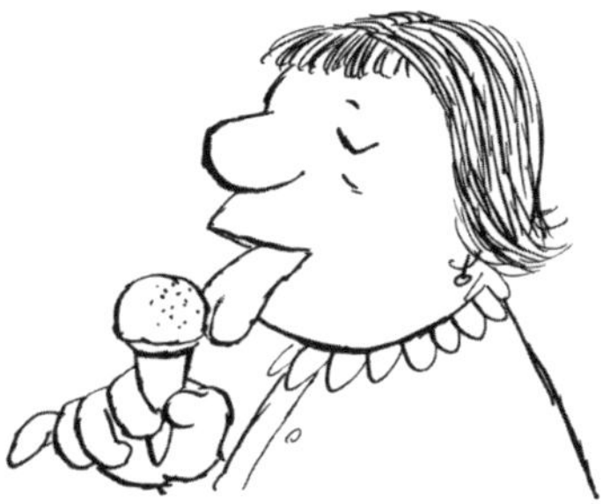

B

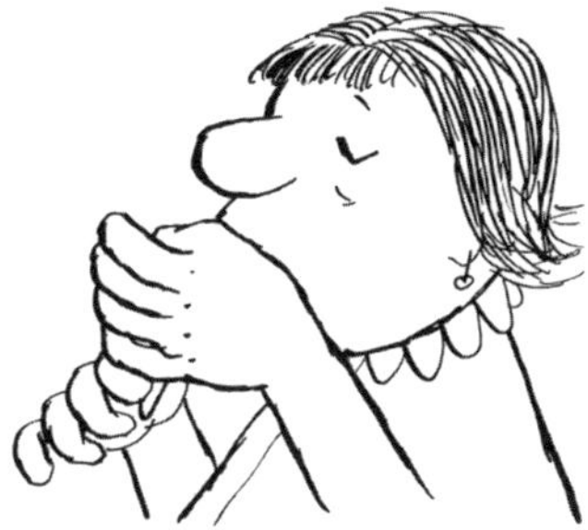

Die verbreitete Unsitte, vor den Augen der Mitmenschen an Speiseeis zu lecken, veranlasst uns, drei Möglichkeiten zu empfehlen, die von Kennern feiner Lebensart für den diskreten Eisgenuss entwickelt wurden: →

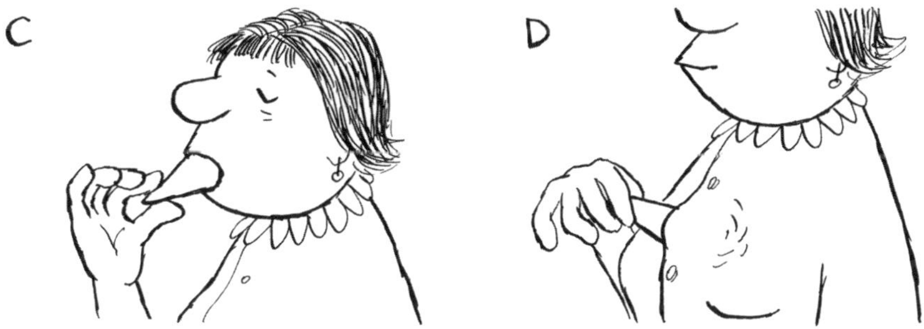

A. Das wollen wir nicht mehr sehen!
B. Schirmendes Verhalten der freien Hand erlaubt beliebige Genussformen.
C. Das Einführen des Gefrorenen bei unempfindlichen Zähnen.
D. Dasselbe – bei empfindlichem Gebiss.

A FALSCH

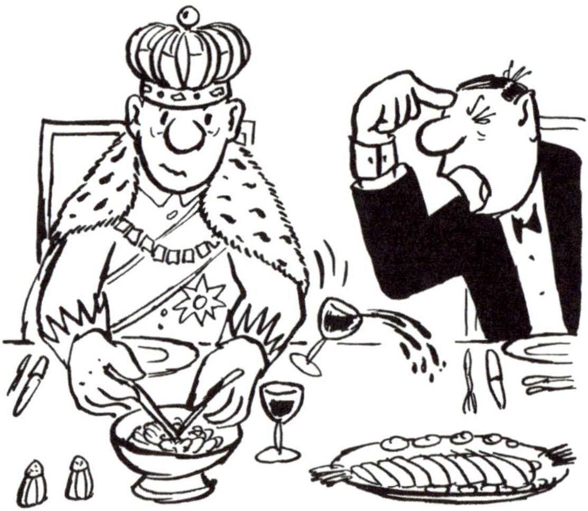

Speisenden Monarchen, denen ein Missgeschick unterläuft, ist mit äußerstem Takt zu begegnen. Laute Zurechtweisung des hohen Gastes und grobe Worte sind ein Zeichen mangelnder monarchistischer Herzensbildung (A). →

B RICHTIG

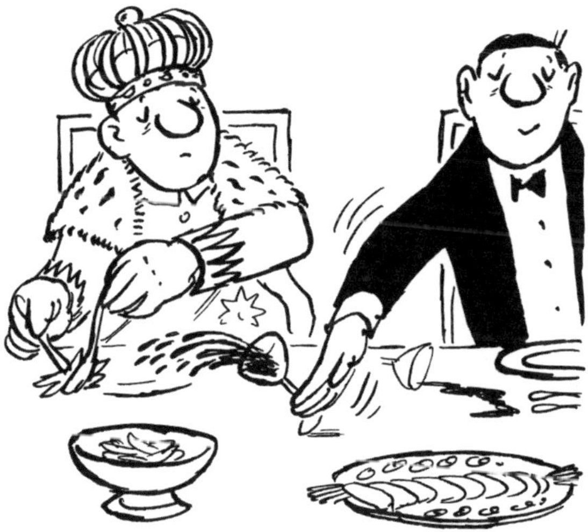

Durch eine kleine humoristische Geste ist – bei allem gebotenen Respekt – die Angelegenheit schnell bereinigt (B).

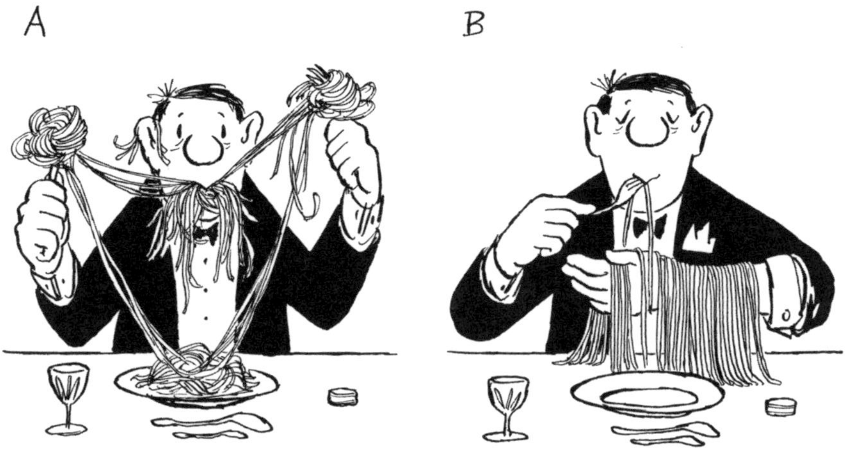

Unordentliche Spaghetti stören das Schönheitsempfinden kultivierter Esser und gehören weder auf den Teller noch in den Magen (A). Linker Hand appetitlich gegliedert und einzeln gegessen ist das Verspeisen der Spaghetti ein Musterbeispiel für vollendete Tischmanieren des Gourmets alter Schule (B).

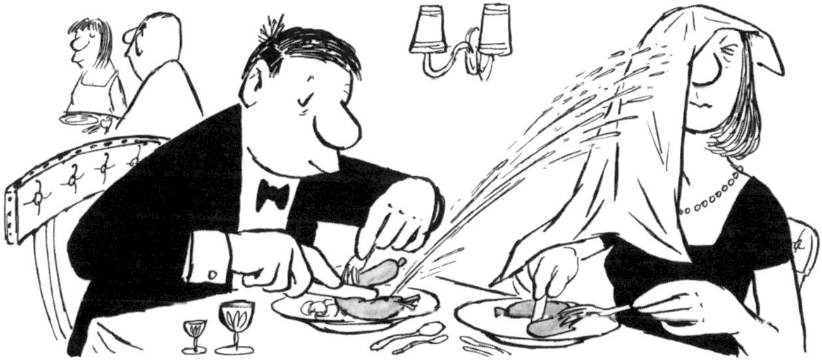

Die ungalante Methode, mit Hilfe der Serviette die eigene Hose zu schonen, erregt in führenden Restaurants Erstaunen und Verachtung. Der Kavalier internationalen Zuschnitts hat zwecks ungehemmten kulinarischen Genusses vornehmlich den körperlichen Schutz seiner Begleitung im Auge.

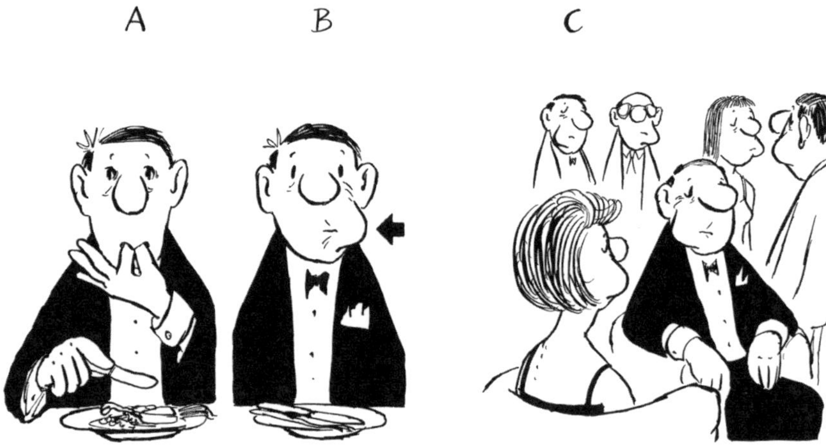

Sehniges Fleisch oder andere ungenießbare Bestandteile festlicher Diners werden vom deutschen Feinschmecker nicht heimlich entfernt (A), sondern (B) an diskreter Stelle aufgehoben (PFEIL). Im Laufe des anschließenden geselligen Beisammenseins wird man sich rasch an den Fremdkörper gewöhnen (C).

A

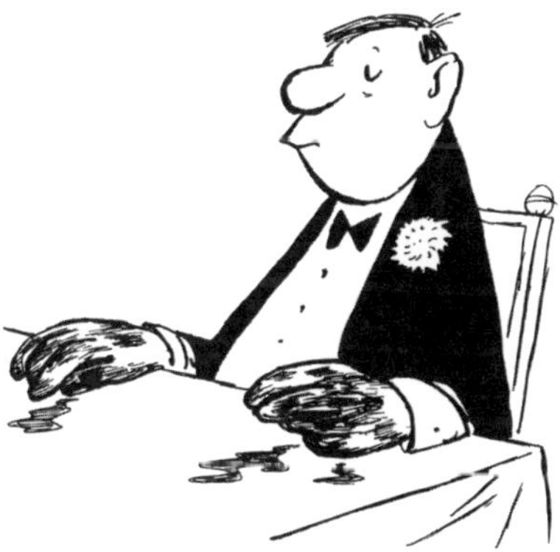

B

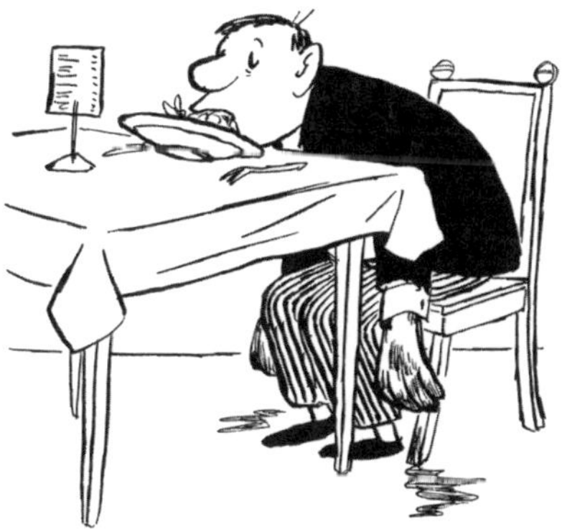

Herrschaften, die wegen Kfz-Wäsche oder aus Zeitnot vor der Mahlzeit auf das Händewaschen verzichten müssen, legen die Unterarme nicht auf das Tischtuch (A), sondern lassen die Handgelenke taktvoll auf der Stuhlkante ruhen (B).

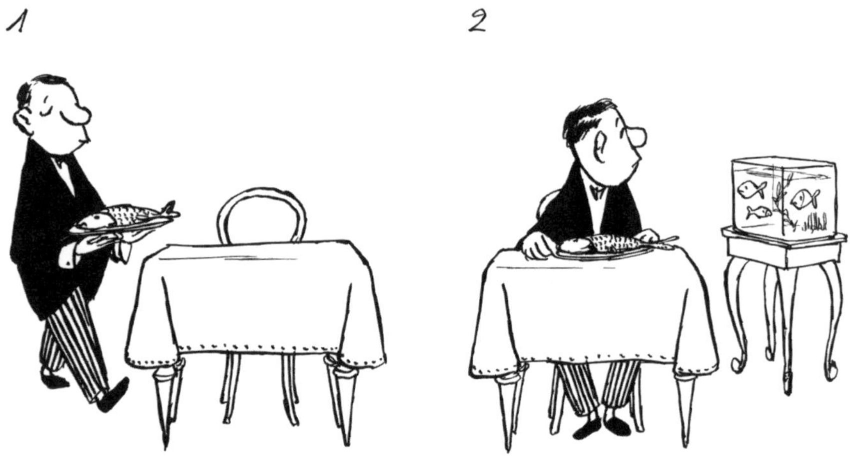
1
2

3

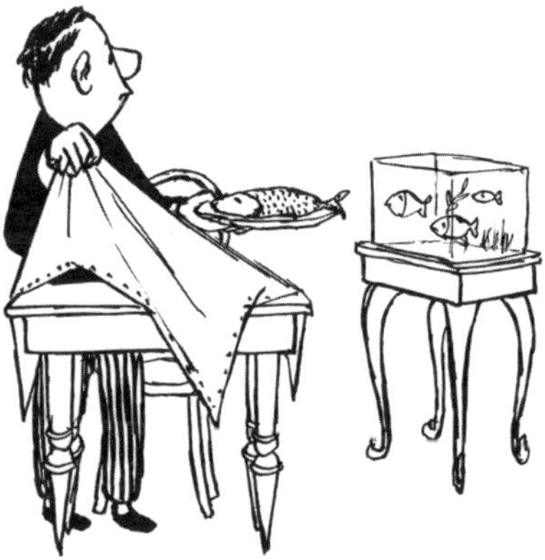

4

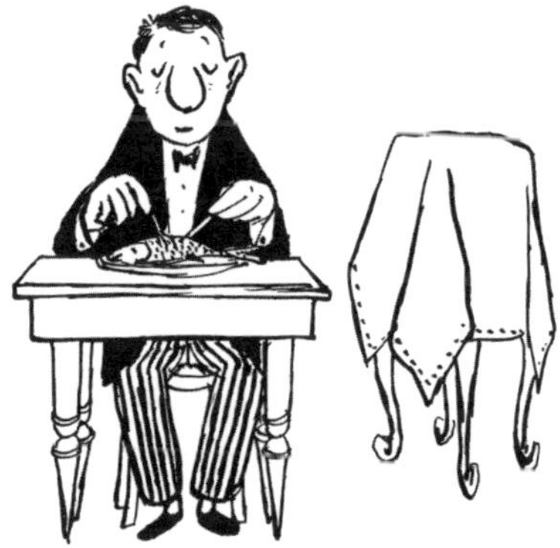

ALKOHOLGENUSS

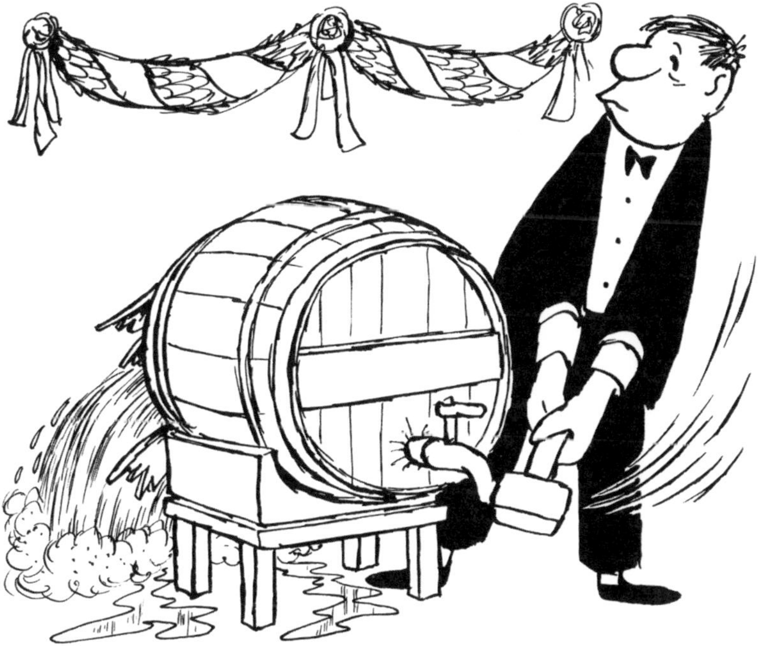

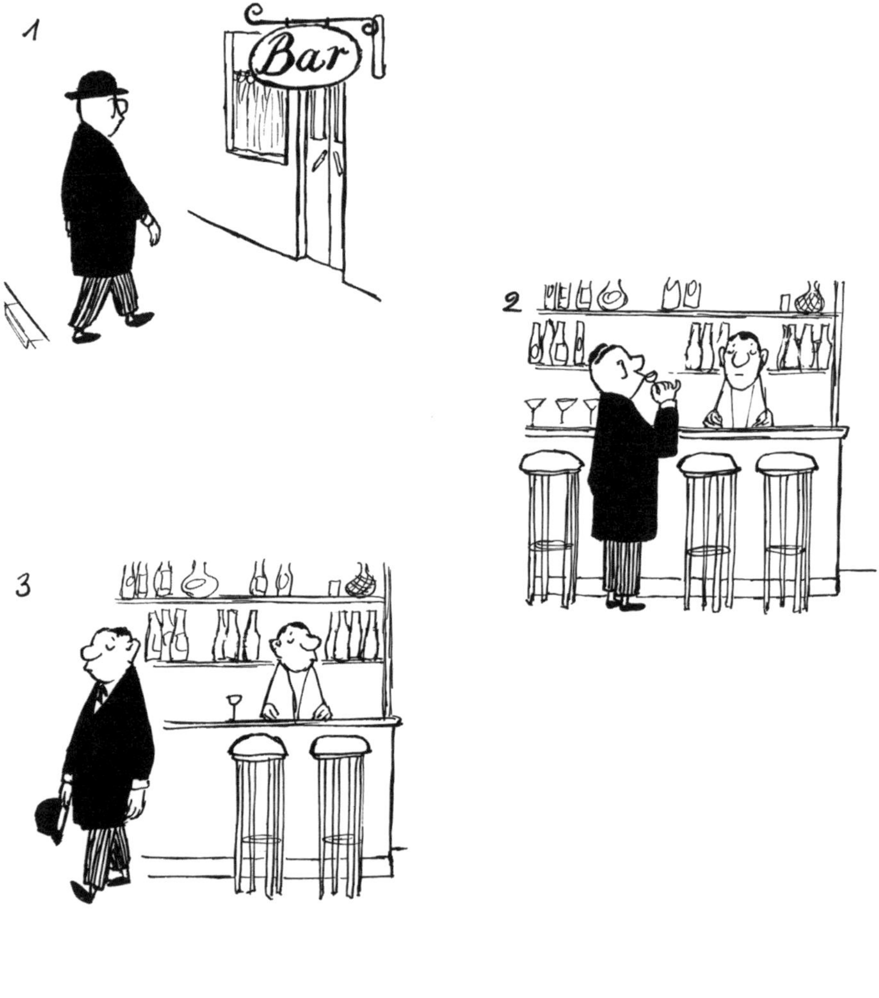
1
Bar
2
3

4

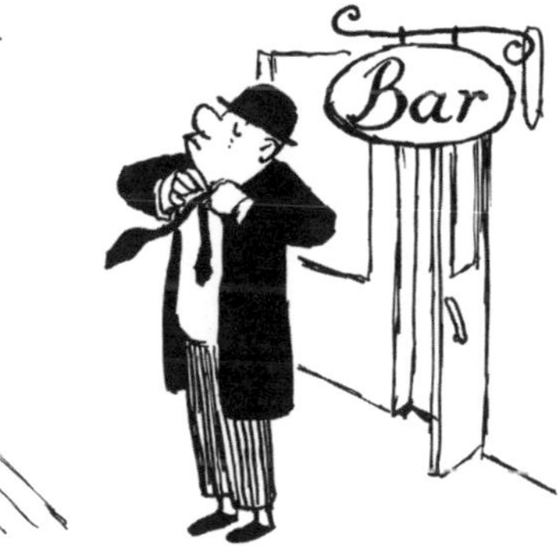

5

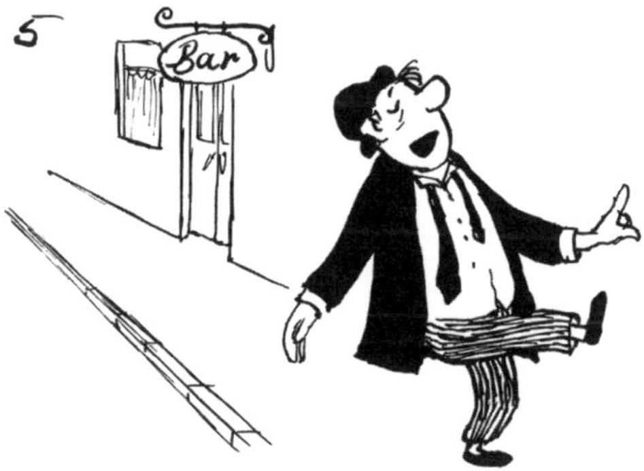

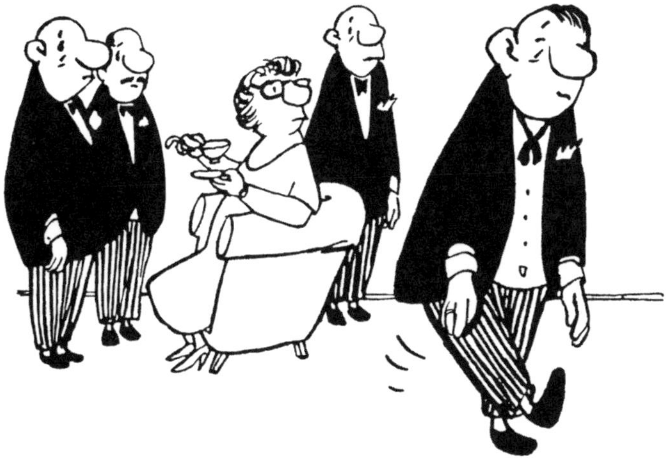

FALSCH

Bei Volltrunkenheit nicht nach Hause gehen. →

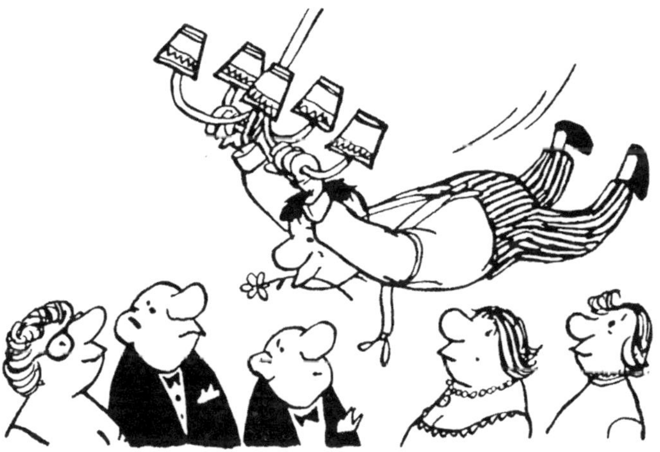

RICHTIG

Sie sind für das Gelingen der Party unerlässlich.

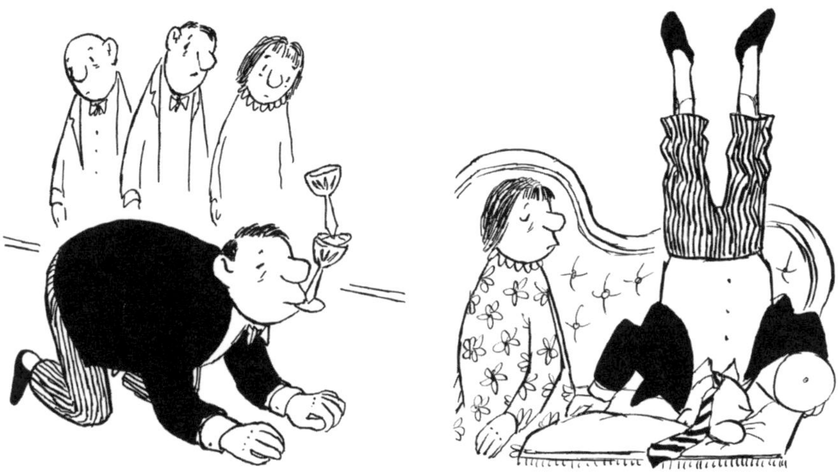

Der Eindruck, Sie seien betrunken, ist durch das Vorführen kleiner Geschicklichkeitsübungen leicht zu verwischen.

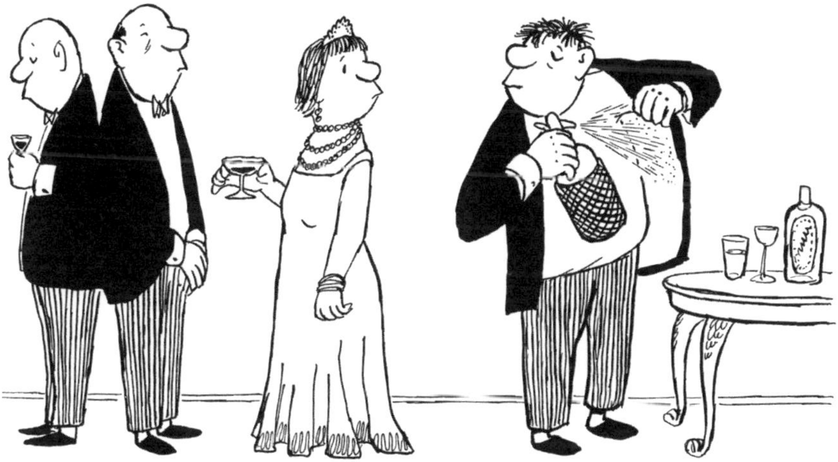

Sollten Sie bedenklich an Form verlieren, finden Sie in jedem gepflegten Haushalt geeignete Geräte für eine ebenso gründliche wie diskrete Erfrischung.

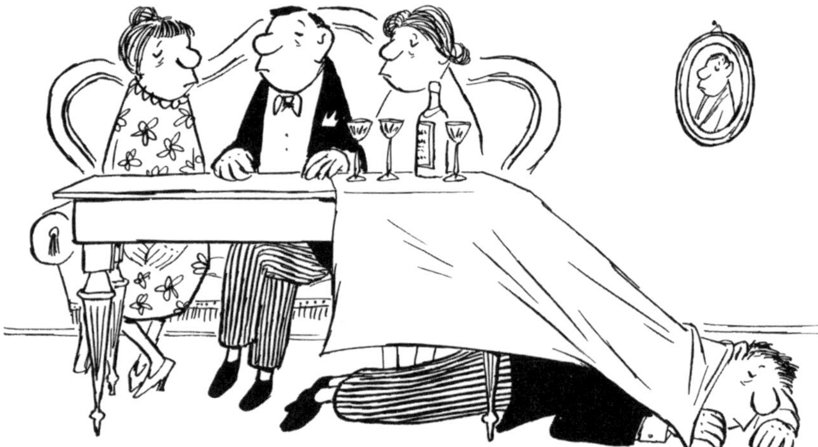

Bei Gleichgewichtsstörungen waagrecht liegen. Nach ein, zwei Stunden fühlen Sie sich wie neugeboren.

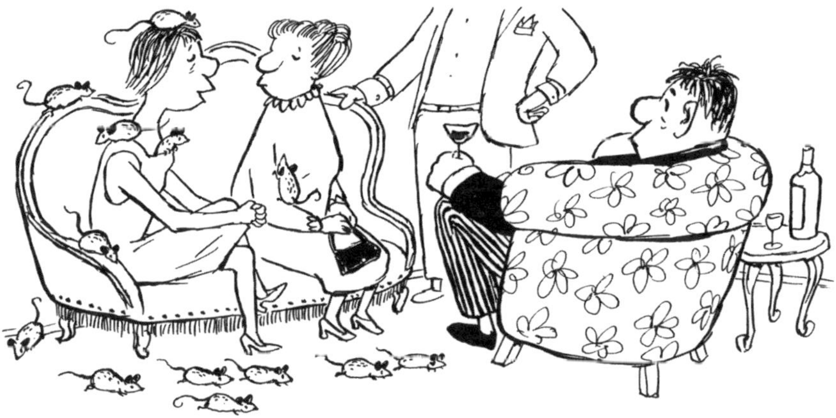

Weiße Mäuse, die sich in großer Zahl frei im Zimmer aufhalten, sind kein sicheres Zeichen dafür, dass Sie sich im Hause eines Tierfreundes befinden. Gespräche darüber vermeiden und rasch nach Hause gehen!

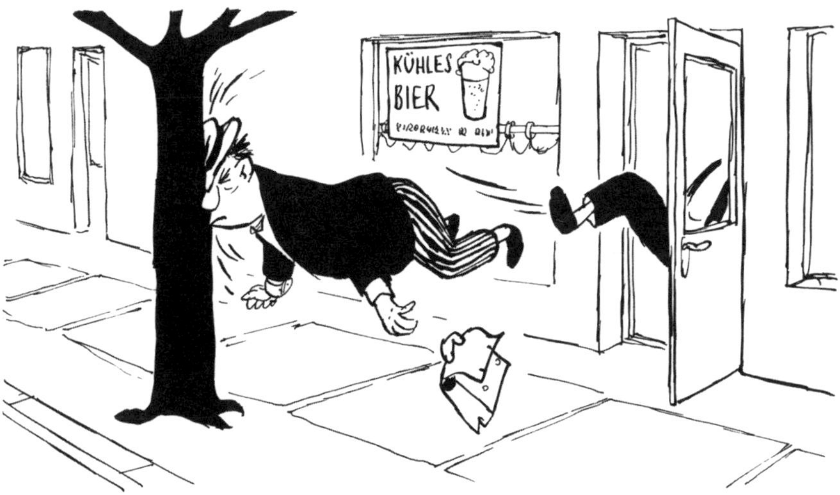

Sträuben Sie sich nach starkem Alkoholgenuss nicht gegen einen Ausflug ins Freie! Man sieht die Welt dann mit ganz anderen Augen.

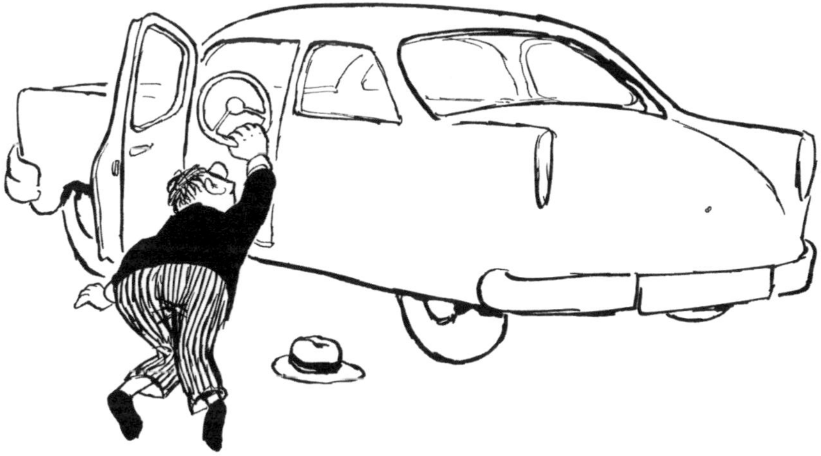

Falls Sie im Zustand der Volltrunkenheit weder sehen noch hören, sprechen oder gehen können, empfiehlt es sich, den Heimweg anzutreten. Merke: *Je schneller, desto besser!*

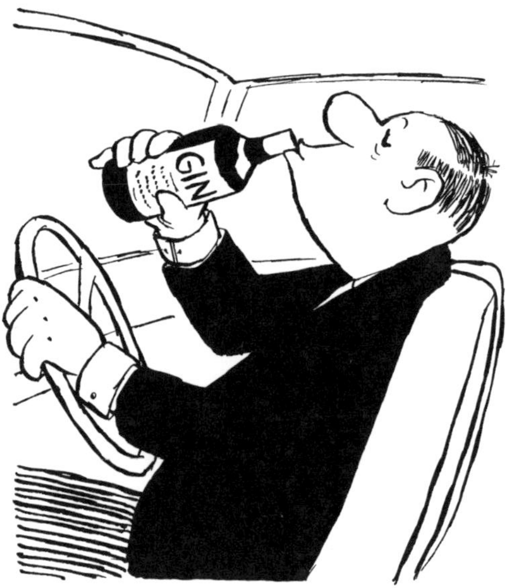

FALSCH

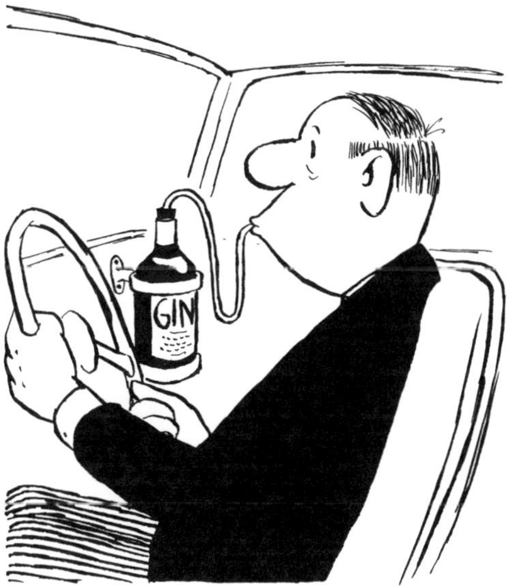

RICHTIG

NIKOTINGENUSS

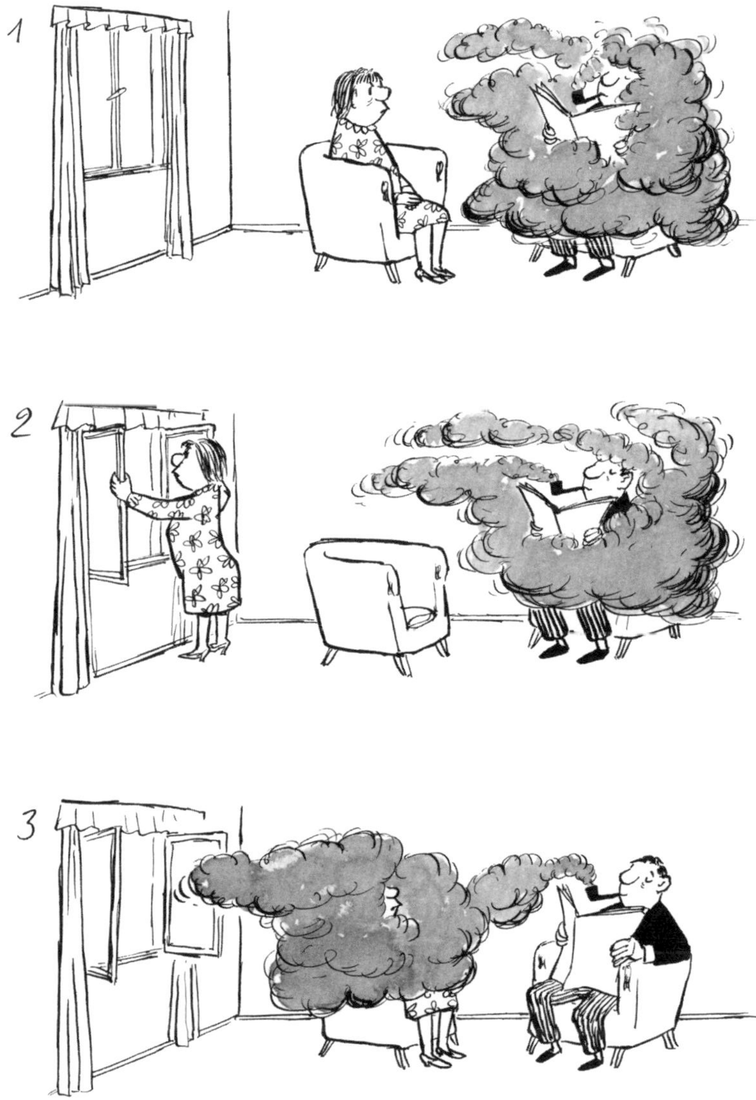
1
2
3

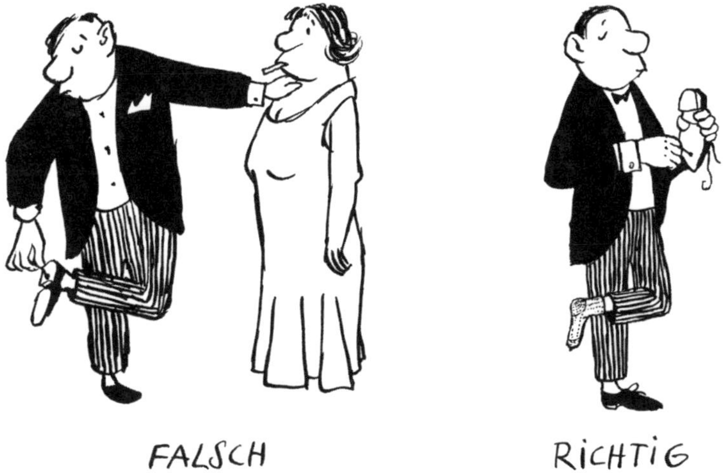

Die scheinbar nebensächliche Geste des Feuergebens hat manche Salonkarriere vorzeitig beendet. Schon das Anreißen von Streichhölzern ist ein Kriterium des guten Geschmacks. →

A

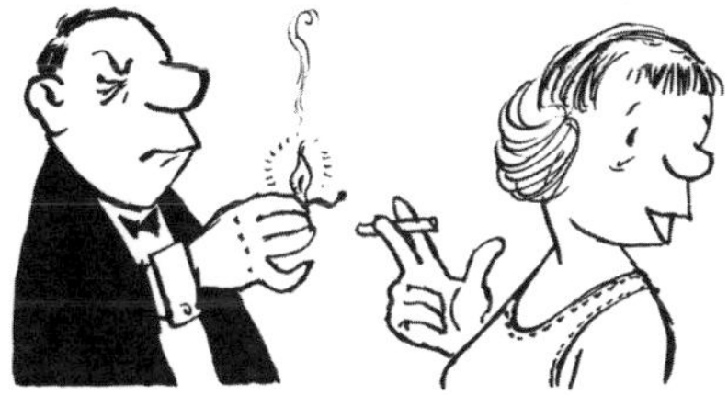

B

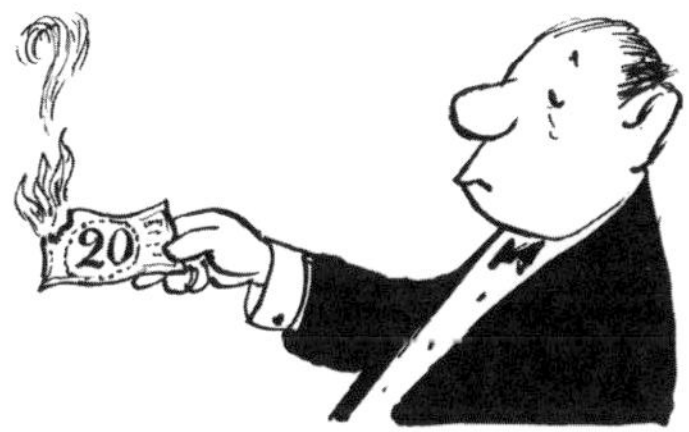

Sollten Sie etwas warten müssen, wahren Sie Ihr Gesicht: Die Dame ist selbst schuld, wenn das Feuer ausgeht (A). Ein 20-Euro-Schein als Fidibus entlarvt Sie als Parvenu. 10 Euro genügen (B).

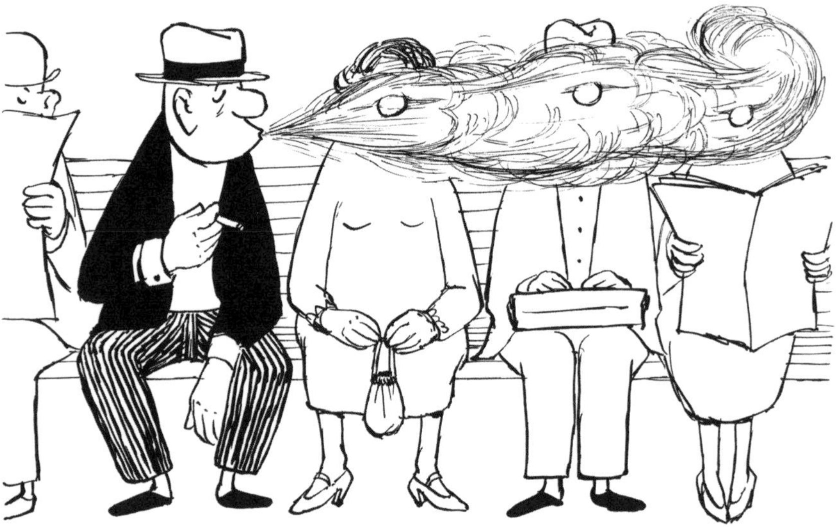

Bei besonders guten Zigaretten empfiehlt es sich, Umsitzende am Rauchgenuss teilnehmen zu lassen.

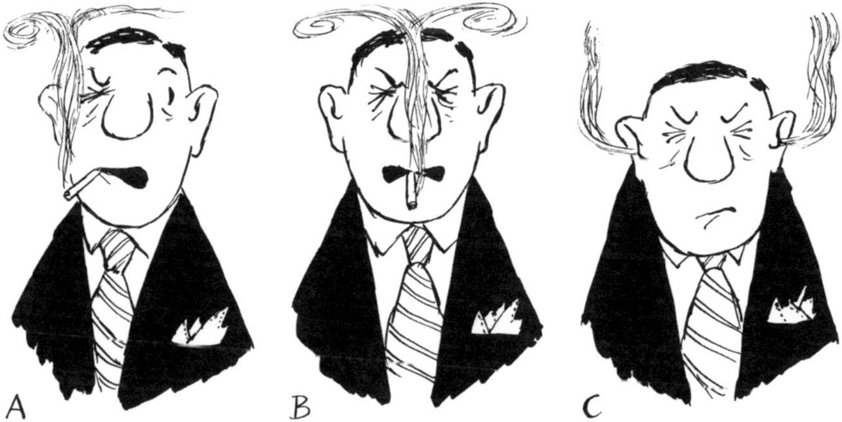

Die Abbildungen (A) und (B) erläutern Ihnen die beiden Möglichkeiten des Sprechens während des Rauchens. (A) hat gegenüber (B) den Vorteil des geöffneten Auges. Der auf (C) gezeigte Herr verschluckte die Zigarette beim Lachen.
20 bis 25 frische Austern essen und ruhig bleiben.
Merke: *Nicht lachen beim Rauchen!*

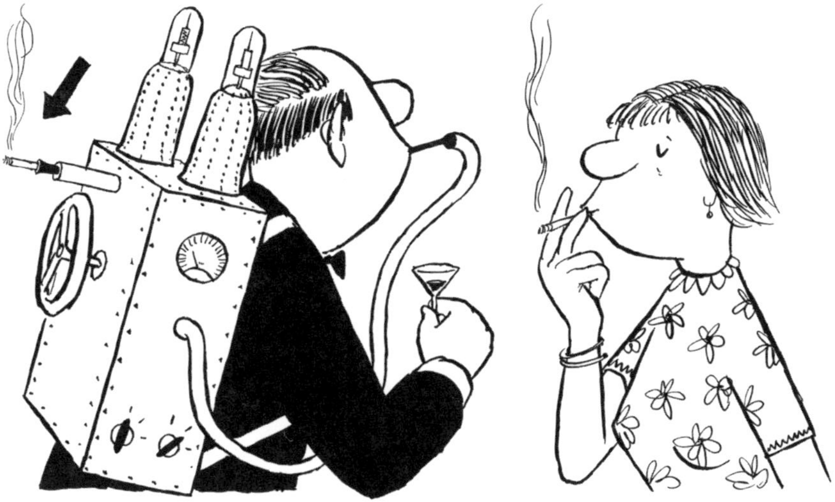

Starkes Rauchen braucht Ihr Wohlbefinden nicht zu beeinträchtigen. Durch ein kleidsames Filtriergerät erhält die Zigarette (PFEIL) den Vitamingehalt von sechs Köpfen grünen Salats.

FALSCH

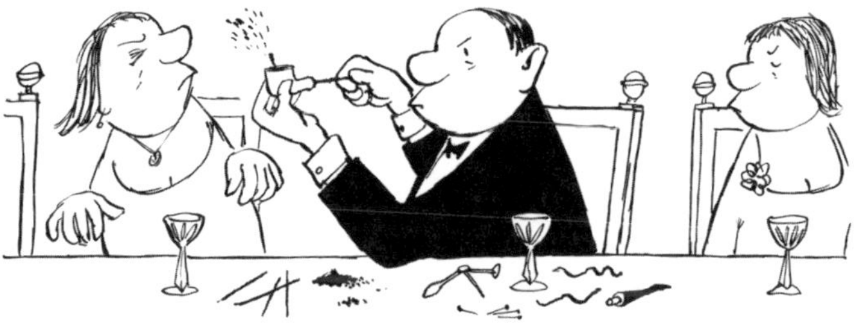

RICHTIG

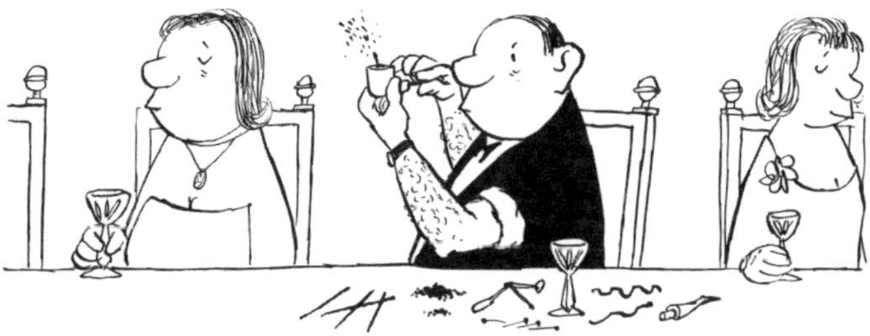

Es mag pedantisch erscheinen, aber zum Reinigen der Pfeife, besonders bei Tisch, schlägt man leicht die Ärmel auf. Auch so kommen Sie, ohne die Form zu verletzen, bald wieder in den vollen Genuss Ihrer Pfeife.

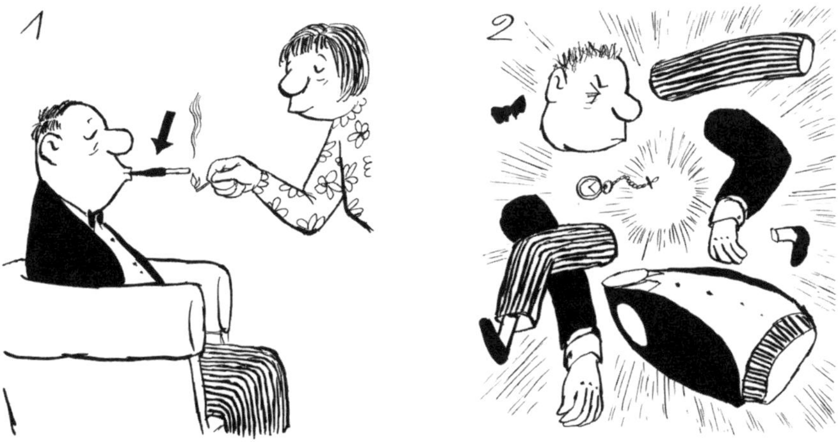

Nichtraucher in drei Minuten wird Ihr Gatte durch die Zigarettenspitze ›Matador‹ (PFEIL). In hartnäckigen Fällen mit Dynamiteinlage (gegen geringen Aufpreis) in allen Geschäften erhältlich.

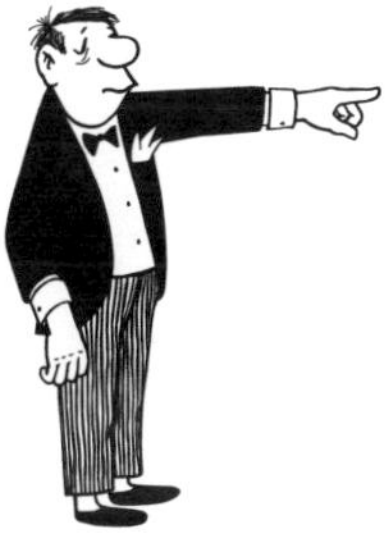

WEITERE BÄNDE IN DIESER REIHE

REISEN
MIT LORIOT

ZURÜCK ZUR NATUR
MIT LORIOT

WOHNEN
MIT LORIOT

DURCHS JAHR
MIT LORIOT

WEIHNACHTEN
MIT LORIOT

SCHÖNER LEBEN
MIT LORIOT

KINDERFREUDEN
MIT LORIOT

DURCH DIE WOCHE
MIT LORIOT

FREIZEIT
MIT LORIOT